365 통숲, 다섯 가지 포인트

通 통성경
에센스

365 통숲, 다섯 가지 포인트

통성경 에센스

초판 1쇄 발행 2020년 5월 8일
    3쇄 발행 2020년 10월 28일

지은이 · 조병호
펴낸곳 · 도서출판 통독원
디자인 · 전민영

주소 · 서울시 강남구 선릉로 806
전화 · 02)525-7794 팩 스 · 02)587-7794 홈페이지 · www.tongbooks.com
등록 · 제21-503호(1993.10.28)

ISBN 979-11-90540-09-4 03230

365 통숲, 다섯 가지 포인트

통성경
通
에센스

조병호 지음

통독원

예수님께서 지혜로운 사람은 반석 위에 집을 짓는다고 말씀하십니다.

"그러므로 누구든지 나의 이 말을 듣고 행하는 자는 그 집을 반석 위에 지은 지혜로운 사람 같으리니"(마 7:24)

"또 내가 네게 이르노니 너는 베드로라 내가 이 반석 위에 내 교회를 세우리니 음부의 권세가 이기지 못하리라"(마 16:18)

지혜롭게 성경의 집을 짓는 다섯 가지 방법입니다.

첫째, 기초를 놓습니다.

성경 66권 전체는 예수 십자가 '원 스토리(One Story)'입니다. 즉 구약 39권은 모두 예수 이야기로 향하고 있으며 신약 27권은 예수 이야기와 예수를 증거하는 이야기입니다.

그러므로 성경 66권 전체의 반석은 예수 그리스도입니다.

성경은 개인, 가정, 나라 이야기를 담고 있습니다. 그리고 제사장 나라(율법), 5대 제국(선지자), 하나님 나라(복음)가 들어 있습니다. 하나님께서는 세계 경영의 도구로 '제국'을 사용하시며 '제사장 나라'와 '하나님 나라'로 우리를 이끄십니다. 그러므로 율법(제사장 나라), 선지자(5대 제국), 복음(하나님 나라)으로 기둥을 세웁니다.

창세기에서 요한계시록까지 성경 66권 각 권의 숲을 정리하며 지붕을 덮습니다. 그래야 '권별주의'와 '요절주의'를 극복할 수 있습니다. 하나님께서는 우리에게 성경 66권 전체를 선물로 주셨는데 어느 한 권만 집중해서 몇 년씩 공부하거나 몇 구절의 요절로 만족한다면 그것은 너무 부족하고 아쉬운 성경공부가 될 것입니다.

성경의 대략 2,000여 년의 시간, 1,500여 곳의 공간, 그리고 5,000여 명의 인간을 통通으로 공부하여 벽을 붙입니다. 그러면 결국 시간, 공간, 인간 모두 하나님의 소유라는 사실을 깨닫게 됩니다. 그러므로 정말 세상 예화 없이도 '성경 이야기', 충분히 재밌게 할 수 있습니다.

다섯째, 창문을 냅니다.

이렇게 성경의 기초를 반석 위에 세우고, 기둥을 세우고, 지붕을 덮고, 벽을 붙이면 그 때에 비로소 그리스도인의 삶의 주제들인 예배, 선교, 교육, 봉사, 섬김, 교제 등의 다양한 주제들에 대한 창문을 열 수 있습니다. 성경 속 하나님의 사람들처럼 오직 하나님의 말씀으로 승리하는 삶을 넉넉히 살 수 있습니다.

〈통숲〉은 모든 그리스도인들이 '성경의 반석' 위에 튼튼한 집을 짓는 데 도움이 되기를 꿈꾸며 지난 35년간 매일매일 성경을 읽으며 연구한 열매 중 하나입니다. 저에게는 하나님께서 주신 큰 은혜의 산물입니다.

이 땅의 모든 사람들이 하루도 빠짐없이 매일의 일용할 양식이 필요하듯이 하나님의 말씀도 1년 365일 매일 하루도 빠짐없이 필요합니다.

본서 〈통숲〉으로 1년 365일, 성경 66권 전체를 역사 순서에 따라 나누어 매일 다섯 가지 포인트로 누구나 쉽게 통通으로 읽고 공부할 수 있게 될 것입니다. 그래서 그리스도인 누구나 "성경 한 권이면 충분합니다."라고 고백할 수 있기를 꿈꿉니다.

하나님께서 은혜와 평강의 복으로 함께하시길 기도합니다.
God bless you~

2020년 통독원에서

CONTENTS

• 신약 _ 290

날짜	범위
281~315일	마·막·눅·요
316~319일	행 1~12장
320일	행 13장~15:35
321~325일	행 15:36~18:22 + 살전·살후·갈
326~339일	행 18:23~20:6 + 고전·고후 + 롬
340~347일	행 20:7~28장 + 엡·빌·골·몬
348~350일	딤전·딛 + 딤후
351~357일	히·약·벧전·벧후·유
358~365일	요일·요이·요삼 + 계

좋아, 토브, Good
Good, Good, Good

창세기 1~2장

point *1* 창세기 1장에서 2장까지의 내용은 하나님께서 '시간과 공간과 인간'을 모두 디자인하셨다는 것입니다.

point *2* 창세기 1장에서 2장까지의 내용은 '굿 뉴스(God News) 즉, 복음'을 담고 있습니다.

point *3* 창세기 1장에서 2장까지의 내용은 하나님의 창조가 하나님의 '소리' 즉, '하나님의 음성으로 세상을 창조하셨다'는 것입니다.

point *4* 하나님의 사람 욥은 창세기 1장에서 2장까지의 내용을 통해 자신이 피조물이라는 사실을 깨달았습니다.

point *5* 창세기 1장에서 2장까지의 내용에는 '하나님의 마음'이 '좋으셨다'라는 것이 처음으로 기록되어 있습니다.

불순종한 아담과 하와
Disobedient Adam and Eve

 창세기 3~5장

point *1* 큰 복을 받은 인간이 작은 것에 흔들립니다.

point *2* 언제나 하나님의 긍휼, 하나님의 용서만이 인간의 새로운 시작을 가능케 합니다.

point *3* 인간이 인간관계에서 '용서'하는 것은 결국 나 또한 용서받을 수 있는 길입니다.

point *4* 성경의 모든 족보는 '하나님께서 수고하신 이야기'입니다.

point *5* 주와 같이 길 가는 것, 즐거운 일 아닌가!

노아 홍수, 하나님의 눈물
The Flood and God's tears

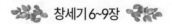 창세기 6~9장

point *1* 노아 홍수 때 하늘의 빗방울은 하나님의 눈물이기도 합니다.

point *2* 노아는 하나님의 눈물을 그의 이마의 땀으로 닦아냈습니다.

point *3* 인간이 무엇으로 하나님을 기쁘시게 할 수 있겠습니까?

point *4* 무지개를 통한 하나님의 새로운 언약 이야기입니다.

point *5* 뒷걸음쳐 들어간 노아의 두 아들 이야기입니다.

족보, 약속의 성취
Genealogy, The fulfillment of God's promise

 창세기 10~11장

point *1* 노아, 홍수 가운데서도 살아남아 '족보'를 남깁니다.

point *2* 족보는 하나님의 약속의 성취입니다.

point *3* 하나님의 뜻은 '가라(go)'입니다.

point *4* 노아의 큰아들 셈의 족보는 노아의 번제가 아브라함에게 학습되었다는 것을 충분히 짐작하게 합니다.

point *5* 세계 공용어는 '오직 성경'입니다.

5

하나님의 약속과 아브라함의 순종

God's promise and Abraham's obedience

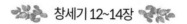 창세기 12~14장

point *1* 성경은 한마디로, '아브라함과 다윗의 자손 예수 그리스도 의 세계'입니다.

point *2* 아브라함은 하나님의 역사 속에서 '순종의 아이콘'이 되었 습니다.

point *3* 세계 최초 '아브라함의 야습'은 이후 기드온 야습의 '교본' 이 됩니다.

point *4* 아브라함이 제사장 멜기세덱의 '전쟁 해석'에 동의합니다.

point *5* 아브라함은 물질 처리 방식 세 가지를 가르쳐주고 있습 니다.

무지개, 할례, 언약궤, 십자가

Rainbow, circumcision, ark, cross

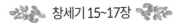 창세기 15~17장

point *1* 이삭의 출생으로 하나님의 계획 '모리아산 번제'가 준비됩니다.

point *2* 창세기 15장의 약속은 출애굽기 1장에서 성취됩니다.

point *3* 땅에 대한 약속은 아브라함, 모세, 다윗까지 3차에 걸쳐 성취됩니다.

point *4* 성경에서 중요한 언약의 징표 네 가지는, 무지개, 할례, 언약궤, 십자가입니다.

point *5* "그 이름을 이삭이라 하라" & "그 이름을 예수라 하라"

7

아브라함, 복의 통로
Abraham, the channel of blessing

창세기 18~21장

point *1* 아브라함 '개인'과 그의 '가정'을 선택하신 이유는 의와 공
도의 '나라'를 세우시기 위함이었습니다.

point *2* 하나님께서는 인생들에게 회개할 기회를 주시기 위해 심
판을 유보하고 싶어 하십니다.

point *3* 아브라함의 실수를 하나님께서는 뒷걸음쳐 들어가 덮어주
십니다.

point *4* 하나님과 아브라함 가정의 웃음, 그가 바로 '이삭'입니다.

point *5* 하갈에게도 광야 샘물을 보게 하십니다.

8

모리아산, 2000년 후 갈보리산

Mount Moriah and then Mount Calvary 2000 years later

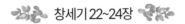 창세기 22~24장

point *1* 하나님께서는 시험장에 아무나 들여보내지 않으십니다.

point *2* 유대인의 가정교육은 아브라함 가정에서 시작되었습니다.

point *3* 모리아산 번제는 2,000년 후 갈보리산 번제의 예표였습니다.

point *4* 아브라함 평생의 동역자 '사라'가 역사에 남긴 소망의 흔적은 두 가지입니다.

point *5* 다메섹 엘리에셀의 기도는 아브라함에게 배운 기도입니다.

'다음 세대' 이삭

Isaac: 'Next Generation'

 창세기 25~27장

point *1* 하나님의 꿈이 아브라함에게서 '다음 세대 이삭'으로 계승됩니다.

point *2* 이삭은 문제가 생기면 인간적인 방법으로 대안을 찾기보다는 하나님께 간구하고 기다립니다.

point *3* 이삭, '순종'으로 기적을 체험하고 '양보'로 품위를 보여줍니다.

point *4* '아브라함에서 이삭으로' vs '이삭에서 야곱으로'

point *5* 아버지의 축복은 아들의 미래 이야기가 됩니다.

빈손 야곱, 십일조 언약

Empty-handed Jacob, The Tithe Covenant

 창세기 28~30장

point 1 가나안에서 출생한 야곱은 가나안을 '두 번'이나 떠납니다.

point 2 빈털터리 야곱이 하나님께 십일조를 약속합니다.

point 3 하란에서 태어난 야곱의 열두 아들은 400년 후 애굽에서 열두 지파가 됩니다.

point 4 흥정의 달인 야곱, 도리어 흥정에 속습니다.

point 5 야곱은 하란에서 가나안으로 가져갈 수 있는 재산만 모읍니다.

야곱과 에서, 20년 만에 화해

Jacob and Esau, Reconciled 20 years later

 창세기 31~33장

point *1* 가나안을 도망 나온 야곱이 20년 만에 다시 하란에서 도망
나옵니다.

point *2* 야곱, 20년 만에 만나는 형 에서와의 대면을 두려워합니다.

point *3* 얍복 나루에서, 한 사람의 이름이 나라 이름 '이스라엘'이
됩니다.

point *4* 야곱과 에서는 20년 만에 형제 화해를 합니다.

point *5* 가나안은 아브라함에게 '보여줄 땅'이었다면 야곱에게는
'고향 땅'이 되었습니다.

야곱, 이스라엘로
From Jacob to Israel

창세기 34~36장

point *1* 교육이 흔들리면 모든 것이 흔들리게 됩니다.

point *2* 야곱, 가족이 시작된 지 20년 만에 벧엘에서 신앙의 기초를 시작합니다.

point *3* 야곱은 라헬이 죽자 요셉과 베냐민으로 편애를 이어갑니다.

point *4* 아브라함 가문의 3대째 '장례식장은 막벨라굴'이 됩니다.

point *5* 에돔의 족보는 에서를 향한 하나님의 약속의 성취입니다.

유다의 마음
Judah's heart

창세기 37~38장

point *1* 야곱의 편애, 그 깊이만큼 다른 아들들은 아버지로부터 멀어집니다.

point *2* 옷으로 아버지를 속인 야곱이 옷으로 열 명의 아들에게 속습니다.

point *3* 유다는 세 번에 걸쳐 형제 관계를 설계합니다.

point *4* 유다는 죽은 두 아들을 가슴에 묻으며 아버지 야곱의 마음을 헤아립니다.

point *5* 다말은 유다를 크게 바꿔놓습니다.

국가 자연 재난 대책 세 가지

Three steps to tackle the national crisis

 창세기 39~41장

point *1* 요셉, 바로, 야곱, '세 사람의 꿈'을 합하면 '하나님의 꿈'이 나옵니다.

point *2* 30세에 요셉은 '보디발 가정 학교'와 '감옥 학교'를 졸업합니다.

point *3* 총리 요셉의 국가 재난 대책은 세 가지입니다.

point *4* 바로의 선택! 요셉은 권력의 몸통이 되고 자신은 권력의 깃털이 되는 것입니다.

point *5* 요셉은 14년 동안 '국가 재난 대책 프로젝트'를 이끕니다.

15

22년 만에 이룬 형제 상봉
Reconciliation of Brothers 22 years later

 창세기 42~44장

point *1* 7년 풍년에 이은 흉년 2년 차에 고대 근동은 식량 전쟁이
시작됩니다.

point *2* 요셉은 22년 만에 만난 형들을 정탐꾼으로 몰아세웁니다.

point *3* 야곱은 흉년에, 처음으로 가족들을 감동시킵니다.

point *4* 요셉은 자신의 일 처리 솜씨를 총동원해 형제들을 시험해
봅니다.

point *5* 유다의 연설 속에는 세 가지 포인트가 있습니다.

요셉의 눈물
The tears of Joseph

 창세기 45~47장

point *1*   70명이 입(入)애굽해서 430년 만에 장정 60만 명이 출(出)애굽합니다.

point *2*   요셉의 울음은 다섯 번 이상 성경에 기록됩니다.

point *3*   야곱의 가족들은 국빈급으로 애굽에 초대됩니다.

point *4*   입(入)애굽은 '민족 만들기' 꿈이며 출(出)애굽은 '나라 만들기' 꿈입니다.

point *5*   입애굽의 지도자 요셉의 출애굽 준비 세 가지는 고센 땅, 목축업, 교육이었습니다.

입(入)애굽과 출(出)애굽
Entering Egypt and Exodus

 창세기 48~50장

point *1* 야곱의 장례식은 출애굽 예행연습이었습니다.

point *2* 야곱은 죽기 전 요셉의 두 아들 머리 위에 손을 얹고 처음으로 '안수'의 방식으로 축복을 해줍니다.

point *3* 열두 아들을 위한 야곱의 유언이자 축복은 이후 '제사장 나라의 12+1 세팅'이 됩니다.

point *4* 야곱 장례 후, 요셉의 열 명의 형들은 다시 입애굽을 결정합니다.

point *5* 요셉의 인생은 크게 세 가지로 정리됩니다. 자연 재난 극복, 아버지의 장례, 교육(family school)입니다.

제국 체험

Experiencing an 'Empire'

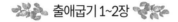
출애굽기 1~2장

point *1* 창세기 12장의 '자손에 대한 하나님의 약속'은 출애굽기
1장에서 성취됩니다.

point *2* 애굽 제국 경험은 '제사장 나라'의 기초가 됩니다.

point *3* 모세가 갈대 상자를 탄 이유는 네 가지입니다.

point *4* 80년 동안 모세는 출애굽을 위해 세 가지를 준비했습니다.

point *5* 히브리 출신으로 〈애굽일보〉 1면 톱기사에 오른 사람은 요
셉과 모세, 두 사람입니다.

하나님의 모세 설득
God persuades Moses

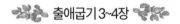 출애굽기 3~4장

point *1*   하나님께서는 항상 인간들의 고통을 '보고, 듣고, 알고' 계십니다.

point *2*   인간이 땅에서 체험하는 최고의 기적은 '하나님의 거룩'을 경험하는 것입니다.

point *3*   하나님께서는 '출애굽의 모든 청사진'을 가지고 모세를 설득하십니다.

point *4*   '스스로 계신 하나님'은 우리의 '아버지 하나님'이 되십니다.

point *5*   하나님께서는 '낮아지고 엎드리는 사람'을 기다리십니다.

기적, 협상 동력

Miracle, the drive for negotiation

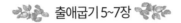
출애굽기 5~7장

point *1*   40년 만에 모세는 뜨거운 감자 '동족 문제'를 정면으로 마
주합니다.

point *2*   모세는 장정 60만 명 노동자에 대한 '임금 협상이나 노동
처우 개선'이 아닌, '3일 길 출애굽 광야 제사' 이슈(issue)로
바로에게 정면승부를 합니다.

point *3*   바로는 '나는 하나님을 모른다!' 그리고 '히브리 민족 내부
이간 정치' 술수로 모세의 '3일 길 출애굽 광야 제사' 이슈
(issue)를 무력화시킵니다.

point *4*   모세와 바로는 6개월간 아홉 차례 협상에 들어갑니다.

point *5*   하나님께서 입(入)애굽 때에 사용하신 '나일강'을 출(出)애
굽 1차 협상 때에 다시 사용하십니다.

모세와 바로의 9차 협상

Moses and Pharaoh's nine negotiations

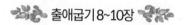 출애굽기 8~10장

point *1* 6개월 동안 하나님의 백성들과 애굽 백성들은 각자의 자리에서 하나님을 알게 됩니다.

point *2* 6개월 동안 바로는 세 번이나 고센 땅 상황을 확인합니다.

point *3* 바로는 자기 요술사들의 충고도, 자기 신하들의 충고도 다 거절합니다.

point *4* 하나님의 선언, "세계가 다 내게 속하였다!" 바로가 말을 바꾸는 동안 하나님께서는 '중대한 선언'을 하십니다.

point *5* 아직도 바로는 이 시점에서 지난날의 역사 기록들이나 들춰내는 잔꾀를 부리고 있습니다.

유월절과 성찬식
Passover and Communion

❧ 출애굽기 11~13장 ❧

point *1* 창세기 12장, 아브라함의 순종은 '신앙 가족 공동체'의 출발이며 출애굽기 12장, 히브리인들의 순종은 '신앙 민족 공동체'의 출발입니다.

point *2* 유월절 그날! '애굽 제국의 기반'은 무너지고 '제사장 나라의 기반'이 세워집니다.

point *3* 유월절, 이날을 기념하라!

point *4* 애굽에서의 첫 번째 유월절로부터 1,500년이 지난 '마지막 유월절'에 '첫 번째 성찬식'이 시작됩니다.

point *5* 성경에 나타난 '복'은 모두 사명을 전제하고 있습니다.

홍해 영적 전략 5단계

The five-step spiritual strategy of the Red Sea

 **출애굽기 14~15장**

point *1* 입(入)애굽은 나일강으로 시작되고, 출(出)애굽은 홍해로 끝
납니다.

point *2* 애굽 군대가 이스라엘 백성을 뒤쫓아간 이유는 세 가지입
니다.

point *3* 온 이스라엘 백성이 광야로 들어간 것은 '오직 믿음' 때문
이었습니다.

point *4* 모세는 뒤쫓아오는 애굽 군대를 '홍해 영적 5단계 전쟁'으
로 승리했습니다.

point *5* 나라도, 전쟁도, 노래도 모두 성경에서 시작됩니다.

드디어, 광야 학교 입학

Finally, starting the desert school

출애굽기 16~18장

point *1* 출애굽한 이스라엘 백성, '광야 학교'에 입학합니다.

point *2* 인간의 끝은 하나님의 시작입니다.

point *3* 일곱 색깔 무지개 '만나 이야기'입니다.

point *4* 전쟁에서 가장 중요한 '승리'는 하나님 손에 달려 있습니다.

point *5* 모세의 간증은 모세의 장인 이드로에게 '믿음의 눈'을 뜨게
합니다.

십계명, 제국이 아닌 제사장 나라

Ten Commandments: A Kingdom of Priests, not Empire

 출애굽기 19~20장

point *1* 500년을 기다린 '시내산 1년'은 1,500년을 가져갈 '시내산 1년'입니다.

point *2* 제사장 나라 = "세계가 다 내게 속하였다!"

point *3* '때'를 기다리게 하시는 것은 더 좋은 것을 주고자 하시는 하나님의 마음입니다.

point *4* 십계명의 핵심은 '하나님 사랑 이웃 사랑'입니다.

point *5* 세계 선교를 위한 하나님의 다섯 가지 꿈의 줄기입니다.

거룩, 시장에 살아 있다!

Holiness - within the market

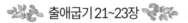

출애굽기 21~23장

point *1* 하나님께서 주신 율법은 소의 받는 버릇까지도 파악하여
보상 체계를 달리 정할 정도로 만드신 세심한 법입니다.

point *2* 사람이 사람을 종이나, 노예로 부리는 것은 악한 일입니다.

point *3* 하늘의 하나님께서 인간들의 재판을 항상 눈여겨보십니다.

point *4* 안식일은 공동체가 숨을 쉬는 날입니다.

point *5* 매년 세 차례 여호와 앞에 '얼굴'을 보이라!

성막의 설계도

The blueprint of the tabernacle

 출애굽기 24~27장

point *1* 제사장 나라 율법은 '쌍무 언약'으로 탄생됩니다.

point *2* 와우! 74인이 하나님의 잔치에 초대됩니다.

point *3* 모세는 시내산에 올라 하나님 앞에 첫 번째 40일을 보냅니다.

point *4* 인간이 하나님을 만나면, 하나님의 용서가 시작됩니다.

point *5* 피조물인 인간의 가장 큰 기쁨은 창조주 하나님의 설계도를 받는 것입니다.

하늘 보석으로!
Into jewels of heaven!

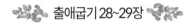
출애굽기 28~29장

point *1* 하나님께서 아론을 첫 번째 대제사장으로 선언하십니다.

point *2* 대제사장 아론의 거룩하고 화려한 옷은 땀내 나는 작업복입니다.

point *3* 하나님께서는 애굽에서 노예였던 이스라엘 백성들을 제사장 나라의 '하늘 보석'으로 삼으십니다.

point *4* 제사장의 도움을 받아 하나님께 제사를 드리면 용서의 길이 열립니다.

point *5* 제사장 나라 '5대 제사'는 반드시 '세 가지 방법'으로 드려야 합니다.

기도의 향을 사르다
Lighting the incense for prayer

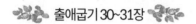 출애굽기 30~31장

point *1* 대제사장의 중요한 일과는 아침과 저녁으로 '향'을 사르는 것입니다.

point *2* 모든 사람은 '생명의 속전'을 바쳐야 합니다.

point *3* '천지창조'와 '예수 십자가'는 하나님께서 홀로! 그러나 방주와 성막과 성전은 인간과 함께 힘을 합하여 만드십니다.

point *4* 출애굽의 지도자는 모세와 아론이었고, 성막 건축의 지도자는 브살렐과 오홀리압입니다.

point *5* 안식일 – 하나님의 창조 디자인의 가장 큰 프레임(frame)은 6일 동안 일하고 7일에는 반드시 쉬는 것입니다.

용서, 절망 속의 희망

Forgiveness, hope among despair

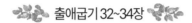
출애굽기 32~34장

point *1* 시내산 위에서는 '성막 제작 설계도'가, 산 아래에서는 '금
        송아지 제작'이 진행됩니다.

point *2* 모세가 절망 속에서 품은 희망은 '하나님의 용서'입니다.

point *3* 금송아지 사건으로 3,000명가량이 죽게 됩니다.

point *4* 다시 한번! 하나님께서 모세를 40일 동안 시내산으로 부르
        십니다.

point *5* 여호와의 이름은 '자비롭고, 은혜롭고, 노하기를 더디 하고,
        인자와 진실이 많은 하나님'이십니다.

낡아진 설계도

The worn-blueprint of architecture plan

출애굽기 35~38장

point *1* 드디어 '너희 몸이 성전', 그 첫 단계 '움직이는 성막'이 만들어집니다.

point *2* 거룩한 성막 작업 기간에도 안식일은 반드시 거룩하게 지킵니다.

point *3* 브살렐과 오홀리압은 설계도가 다 낡아질 정도로 연구하며 작업을 진행했습니다.

point *4* 귀한 것을 내놓는 헌신은 더 소중한 것을 알기 위함입니다.

point *5* 애굽에서의 약 6개월과 시내산에서의 약 6개월은 '마주 보는 기쁨'입니다.

손으로 지은 성막
The hand-made tabernacle

 출애굽기 39~40장

point *1*   손으로 지은 성막, 약 6개월 만에 완성됩니다.

point *2*   하나님의 반복은 강조입니다. "여호와께서 명령하신 대로 다 행하였더라."

point *3*   모세의 확인 '굿(Good)'과 함께 이스라엘 백성들의 환호성 이 터집니다.

point *4*   제사를 위한 세 가지 준비 중 하나 '성막'이 완성됩니다.

point *5*   여호와의 영광이 '성막'에 충만합니다.

33

번제, 소제, 화목제, 속죄제, 속건제
Burnt, grain, fellowship, sin and guilt offering

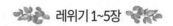 레위기 1~5장

point *1*   주의 보혈 능력 있도다 주의 피 믿으오!

point *2*   유월절은 '1년 된 어린 양'이고, 성찬식은 '하나님의 어린 양'입니다.

point *3*   하나님께서는 인간들에게 '만나'를 내려주시고, 인간들은 하나님께 '제사'를 올려드립니다.

point *4*   5대 제사는 번제, 소제, 화목제, 속죄제, 속건제입니다.

point *5*   하나님의 용서는 '누구든지' 차별이 없습니다.

제사장, '항상 대기조'

Priests, always on stand-by

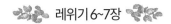 레위기 6~7장

point *1* 제사장은 '항상 대기조'입니다.

point *2* 제사장의 제사 원칙, '무슨 허물이든' 사함을 얻습니다.

point *3* '남의 물건'을 주운 자는 반드시 돌려주어야 합니다.

point *4* 삭개오는 '레위기 속건제'를 알고 있었습니다.

point *5* 한 사람이 '하루에' 소 한 마리를 다 먹을 수 없습니다.

35

제사장, 첫 '공식 업무' 시작

Priests, beginning the first official task

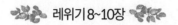

레위기 8~10장

point 1   드디어 제사장 나라의 '첫 공식 업무'가 시작됩니다.

point 2   백성들이 소리 지르며 엎드립니다.

point 3   제사장과 제사자의 손이 마주쳐야 '손뼉 소리'가 납니다.

point 4   제사장은 스스로 '옳고 그름'을 지혜롭고 명확하게 분별해
야 합니다.

point 5   엘르아살과 이다말이 제사장 나라의 모범적인 공직자가
됩니다.

레위기 11장이 다니엘 1장으로
Leviticus 11 to Daniel 1

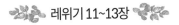
레위기 11~13장

point *1* 레위기 11장이 없으면, 다니엘 1장은 시작도 할 수 없습니다.

point *2* 하나님께서는 인간의 생육과 번성을 위한 영양사이십니다.

point *3* 산모에게 출산 휴가를 꼭 주는 것이 하나님의 거룩입니다.

point *4* 제사장에게 레위기 13장과 14장은 밑줄 치며 반드시 외워야 하는 필수 암기 사항입니다.

point *5* 제사장은 백성들이 하나님과는 수직적인 관계를, 이웃과는 수평적인 관계를 이루며 살도록 돕는 존재입니다.

37

힘이 미치지 못하면
If one cannot afford

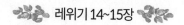 레위기 14~15장

point *1* 예수님, 제사장 나라의 '나병 환자 법'을 지키셨습니다.

point *2* 레위기 14장의 복음을 들은 사람들이 많습니다.

point *3* '힘이 미치지 못하면', 이 짧은 구절 안에 하나님의 사랑이
흠뻑 묻어납니다.

point *4* 누구를 위하여 절차가 이렇게 복잡합니까?

point *5* 〈레위기〉를 포함한 '모든 성경은 언제나 굿 뉴스'입니다.

38

자신을 위한 속죄제
Sin offering for oneself

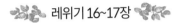 레위기 16~17장

point *1* 아론이 속죄소에 아무 때나 들어가면 죽습니다.

point *2* 축제 중의 축제는 '대속죄일'입니다.

point *3* 1년에 한 번 스스로를 괴롭게 하라!

point *4* 하나님의 명령 "제사 규례를 오용하지 말라."

point *5* 은이나 금이 아닌, 오직 그리스도의 보배로운 피로!

39

밭모퉁이 법

The law of leaving the edges of one's field

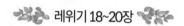 레위기 18~20장

point *1* 풀 한 포기 나지 않는 광야에서 미리 '가나안 그들의 밭에서' 지켜야 할 법을 주십니다.

point *2* 보아스, 제사장 나라 '밭모퉁이 법'을 지켜 예수님의 족보에 오릅니다.

point *3* 이방인 룻, 이방인 페르시아 아닥사스다 왕이 보아도 제사장 나라의 법은 멋있고 아름다웠습니다.

point *4* 소극적 방어로는 가나안 풍속을 이길 수 없습니다.

point *5* 거룩은 이웃을 향한 구체적이고 적극적인 실천입니다.

40

제사장, 대대로 + 전문직
Priests, Passed down and professional

 레위기 21~22장

point *1*   하나님께서 제사장을 거룩하다고 하신 이유는 제사장이 '하나님께 제물을 올려드리는 자'이기 때문입니다.

point *2*   책임은 면하되, 성물은 먹게 하라!

point *3*   제사자의 예물에 따라 하나님과 가까워질 수도 있고, 멀어질 수도 있습니다.

point *4*   제사장들은 백성들이 드린 예물을 함부로 먹어서는 안 됩니다.

point *5*   제사장은 예물의 일부를 오직 규례에 따라 먹을 수 있습니다.

생각의 되새김, '창조'와 '출애굽'

Reflecting on 'creation' and 'Exodus'

 레위기 23~25장

point *1* 기억하라 – 생각의 되새김은 '창조'와 '출애굽'입니다.

point *2* 이스라엘의 절기 문화는 '모든 사람의 풍부함'을 목적으로
합니다.

point *3* 제사장은 백성들의 '땅의 소출'을 들고 '하늘의 하나님'을
매일 만납니다.

point *4* 희년을 통해 사회적 약자들의 절망이나 이탈을 막을 수 있
습니다.

point *5* 레위기 법 1,000년 후, 에스라와 느헤미야가 초막절을 지킵
니다.

두 가지 길, 두 가지 미래

Two ways, two futures

 레위기 26~27장

point *1* 예레미야, 레위기 26장으로 '예수님의 새 언약'을 예고합니다.

point *2* 제사장 나라의 법을 잘 지키면 하나님께서 '국방과 경제'를 책임져주십니다.

point *3* 제사장 나라의 법을 지키지 않으면 3단계 처벌을 받습니다.

point *4* 하나님께서 인생들의 특별한 시간과 재물의 서원을 즐겨 받으십니다.

point *5* 우리는 〈레위기〉를 통해 하나님의 그 끝도 밑도 없는 사랑에 대해 조금은 눈을 뜨게 됩니다.

다섯이 백을 이깁니다!
5 defeats 100!

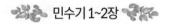
민수기 1~2장

point *1* 시내산 캠프 1년, 제사장 나라 셋업(set-up)의 네 번째 단계
로 '인구조사'가 실행됩니다.

point *2* 아브라함의 후손은 이삭 1명에서 시작하여 500여 년 만에
60만 명 이상이 되었습니다.

point *3* 다섯이 백을 이깁니다.

point *4* 동서남북 진영 중심에 회막이 놓이게 됩니다.

point *5* 민수기 인구조사, 첫 번째는 애굽에서 나온 싸움에 나갈 만
한 20세 이상의 숫자, 두 번째는 가나안에 들어갈 싸움에
나갈 만한 20세 이상의 숫자입니다.

44

제사장 나라 회막, 공직자 8,580명!

A Kingdom of Priests and 8,580 workers

민수기 3~4장

point *1* 민수기 인구조사의 목적은 '군대와 교육' 두 가지입니다.

point *2* 민수기 인구조사는 출애굽 유월절에 그 근거를 둡니다.

point *3* 제사장 나라의 공직자인 '회막 공무원'은 8,580명입니다.

point *4* 8,580명의 제사장 나라 공직자들은 매일 '동분서주'합니다.

point *5* 레위 지파는 농사지을 수도, 고기를 잡을 수도 없습니다.

45

나실인, 대제사장급 헌신

Nazirite, offering oneself to the extent of a priest

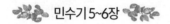 민수기 5~6장

point *1* 하나님께서는 건강한 사회를 위하여 건강한 가정을 이루기를 원하십니다.

point *2* 나실인 헌신은 대제사장급의 헌신입니다.

point *3* 나실인 서원에는 '본인의 서원', '부모의 서원', '하나님의 부르심'이 있습니다.

point *4* 제사장의 중요한 업무 중 하나는 이스라엘 자손을 축복하는 것입니다.

point *5* 보아스와 바울의 인사법은 〈민수기〉에서 시작됩니다.

화려한 작업복은 없지만!

Without the lavish clothes!

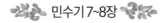 민수기 7~8장

point *1*   12일 동안 이스라엘 열두 지파의 '봉헌 예물 축제'가 열립
니다.

point *2*   이스라엘 열두 지파가 '움직이는 성막 500년'을 향한 봉헌
예물을 드립니다.

point *3*   이스라엘 자손이 손을 들어 '레위인'들에게 안수합니다.

point *4*   고핫 자손은 성물을 어깨에 메되 잠시라도 성소에 들어가
보아서는 안 됩니다.

point *5*   성소에 가까이 오라. 그러나 반드시 조심하라.

시내산 캠프 1년 종료

The end of the year at Mount Sinai camping

 민수기 9장~10:10

point *1* 첫 번째 유월절은 '급하게', 두 번째 유월절은 '규례대로' 지
킵니다.

point *2* 나의 가고 서는 것, 주님 뜻에 있으니!

point *3* 아론 자손이 은 나팔을 붑니다.

point *4* 1년 만에 '제사장 나라 그룹 리더십'이 세워집니다.

point *5* 시내산 캠프 1년이 종료됩니다.

정말 사소한 것

An insignificant thing

 민수기 10:11~12장

point *1* 애굽에서의 출발은 바로의 명령으로! 시내산에서의 출발은 나팔 소리로!

point *2* 안전한 '약자 보호 체제'로 행군을 시작합니다.

point *3* 이스라엘 백성들은 사소한 것에 집착하여 원망과 불평을 시작합니다.

point *4* 동역자가 필요 없는 사람은 아무도 없습니다.

point *5* 가까운 사이일수록 '비방'은 서로 조심해야 합니다.

10 대 2가 만든 40년

10 vs. 2 that resulted in 40 years

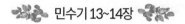 민수기 13~14장

point *1*   하나님께서는 이스라엘 백성들의 가나안 정탐 제안을 수
용하십니다.

point *2*   가나안 정탐 40일 만에 입(入)가나안과 입(入)애굽으로 갈
라섭니다.

point *3*   모세 인생에 두 번째 가장 큰 위기를 만납니다.

point *4*   하나님께서 '출애굽세대'에서 '만나세대 40년 교육'으로 결
정하십니다.

point *5*   하나님께서는 이스라엘 백성들이 불평하던 칠흑 같은 그
밤에도 이들이 다음 날 먹을 만나를 내려주십니다.

이스라엘의 불순종에 대한 눈높이 기적

Eye-level miracle for the disobedient Israelites

 민수기 15~17장

point *1* 열 명의 정탐꾼의 죽음으로도 깨닫지 못한 자들 250명이 모세에게 반기를 듭니다.

point *2* 250명의 반역 사건은 모세 120년 인생의 세 번째 큰 위기였습니다.

point *3* 광야 40년 교육 이슈 – "눈속임이야, 누굴 속여!"라고 오해한 이들.

point *4* 금송아지 사건으로 죽은 사람은 3천여 명, 250명의 반란 사건으로 죽은 사람은 1만 5천여 명입니다.

point *5* 아론의 싹 난 지팡이는 하나님의 백성을 향한 눈높이입니다.

소금 언약
Salt covenant

 민수기 18~19장

point *1* 제사장 나라의 '제사장 세우기' 다섯 가지 에피소드(episode)
입니다.

point *2* 모세는 '제사장직'을 세우기 위해 엎드리고 또 엎드리는 수
고를 아끼지 않았습니다.

point *3* 레위인은 제사장에게 주신 하나님의 선물입니다.

point *4* 레위인도 십일조의 십일조를 드려야 합니다.

point *5* 예방은 문제를 작게 만듭니다.

가나안에 갈 수 없게 된 모세

Moses who could not enter Canaan

 민수기 20~21장

point *1* 하나님께서 지도자 모세에게는 '제사장 나라 스탠더드
(standard)'로 더 엄격한 기준을 적용하십니다.

point *2* 미리암은 모세에게 생명의 은인이며 소중한 동지였습니다.

point *3* 첫 대제사장 아론이 대제사장직을 엘르아살에게 승계합
니다.

point *4* 〈오바댜〉는 민수기 20장과 묶어서 함께 읽어야 합니다.

point *5* 불뱀을 보내 물게 하시고, 놋뱀을 보게 해서 살게 하십니다.

레반트 국가들의 긴장

Tension for the Levant countries

 민수기 22~25장

point *1* 출애굽 40년 만에 고대 근동의 여러 나라가 이스라엘 군대
를 두려워하고, 떨며, 긴장합니다.

point *2* 아말렉족과 모압족이 보여준 비겁한 행동은 비슷합니다.

point *3* 에돔과 모압은 그들의 자주국방의 수고가 아닌, '하나님의
오래된 약속' 때문에 나라를 지킨 것입니다.

point *4* 성경에 발락의 헛수고와 발람의 헛발질이 기록된 것은 '이
유'가 있습니다.

point *5* 비느하스는 시기를 받을 정도로 열심을 냅니다.

계민수전과 제비뽑기
Census and casting lot

민수기 26~27장

point *1* '출애굽세대' 인구조사 이후, 40년 만에 '만나세대'를 대상
으로 두 번째 인구조사가 실시됩니다.

point *2* 제사장 나라의 인구조사는 제비뽑기와 계민수전(計民授田)
을 통한 '제사를 최종 목적'으로 합니다.

point *3* 슬로브핫의 딸들이 '땅 상속 특례법 제정'을 성공합니다.

point *4* 아말렉 전쟁의 책임자 '여호수아'가 가나안 전쟁 책임자로
세워집니다.

point *5* 조상들의 땅을 바라보고, 조상에게로 돌아가라.

55

거룩한 절기와 제사
Holy festivals and offerings

 민수기 28~30장

point *1* 하나님께서 40년 만에, 이번에는 '만나세대'에게 명절을 말씀하십니다.

point *2* 하나님의 말씀을 출애굽세대들은 귀로 담았지만, 만나세대들은 마음으로 담습니다.

point *3* 하나님의 명령 '아무 노동도 하지 말라'는 것은 어느 누구도 명절의 혜택에서 소외시키지 말라는 뜻입니다.

point *4* 모든 것을 선물로 주신 하나님께서 인간의 작은 선물을 받으시고 크게 기뻐하십니다.

point *5* '자발적 헌신'이 가장 품위 있는 헌신입니다.

모세와 요단 동편 땅들

Moses and the land across the Jordan

 민수기 31~32장

point *1* 만나세대 12,000명! 그들이 주도한 첫 싸움에서 승리합니다.

point *2* 이스라엘 백성들이 요단 서편으로 건너가기 전, 전리품 분배 방식을 예행연습시키십니다.

point *3* 모세가 '두 지파'에게 화를 낸 이유는 두 가지입니다.

point *4* 두 지파는 화를 낸 모세에게 오히려 더 가까이 다가서서 말합니다.

point *5* 모세는 가나안 입성의 가장 현실적인 디딤돌을 만듭니다.

제사장 나라 '공간' 이야기

The story of 'location' in A Kingdom of Priests

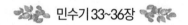
민수기 33~36장

point *1* 제사장 나라 '공간(땅)'은 하나님께서 법으로 정해주셨습니다.

point *2* 레위인들은 '제사장 나라 교육'을 위해 48개 성읍으로 흩어집니다.

point *3* 도피성 사람들은 대제사장의 죽음 소식만을 기다립니다.

point *4* 땅의 경계표를 이 지파에서 저 지파로 옮기면 안 됩니다.

point *5* 땅의 경계를 지키느냐, 넘느냐가 '제국'과 '제사장 나라'의 근본 차이입니다.

58

광야 여정에 대한 회고와 반성

Recollection and reflecting about the desert journey

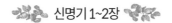 신명기 1~2장

point *1* 모세는 죽음 두 달을 앞두고 '또 시작'합니다.

point *2* '출애굽세대'의 출발점은 애굽이고, '만나세대'의 출발점은 가데스 바네아입니다.

point *3* 모압 평지에서 모세가 여호수아와 갈렙에게 '순종의 훈장' 을 달아줍니다.

point *4* 에돔, 모압, 암몬에게 힘을 절제해서 사용하라고 당부합니다.

point *5* 오늘부터 천하 만민이 너희를 두려워하리라!

59

60만 명, 율법 대박
600,000 people and the law

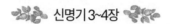 신명기 3~4장

point *1*   만나학교 60만 명 졸업식이 두 달 동안 거행됩니다.

point *2*   모세, 시내산 80일은 '듣고', 모압 평지 60일은 '말합니다.'

point *3*   모세는 만나세대 60만 졸업생들의 미래를 위해 '그네 (swing)'를 태웁니다.

point *4*   제사장 나라, 이같이 공의로운 규례와 법도를 가진 나라는 세상 어디에도 없습니다.

point *5*   '보여줄(지시할) 땅'은 500년 만에 '아름다운 땅(good land)' 이 됩니다.

60

하나님을 사랑하라
Love your God

 신명기 5~6장

point *1* 하나님께서는 오늘 여기서! 40년 전과 '꼭 같은 말씀'을 하십니다.

point *2* 자녀 교육의 방법 – 듣게 하고, 질문하게 하라.

point *3* 하나님께서는 심고 거두는 것을 넘어, 심지 않고도 거두게 하십니다.

point *4* 하나님께 복 받는 길 – 좌로나 우로나 치우치지 말라.

point *5* 모세의 당부 – 아브라함과 이삭처럼 하나님을 사랑하라.

거룩한 문화
Culture of Holiness

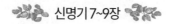
신명기 7~9장

point *1*   모세의 40일 금식과 예수님의 40일 금식은 '나라 이야기'로 서로 깊게 연결되어 있습니다.

point *2*   광야 40년 동안 만나세대들을 향한 하나님의 시험은 그들로 세 가지 답을 찾게 해주었습니다.

point *3*   시험장에는 아무나 들여보내지 않습니다.

point *4*   만나세대가 광야 생활 40년에서 잊지 말고 기억해야 할 곳은 출애굽세대들이 하나님을 거역했던 다섯 곳입니다.

point *5*   이스라엘이 제사장 나라로 택함을 받은 이유는 하나님의 사랑과 하나님의 맹세 때문입니다.

천 대를 이을 천수답(天水畓)

A land that relies on rain

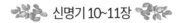

신명기 10~11장

point *1* 만나세대의 40년 순종, 그들 당대로만 끝나서는 안 됩니다.

point *2* 자손의 삼사 대, 자손의 천 대는 그들의 부모들과 연결되어 있습니다.

point *3* 언약궤는 광야에서 가나안으로 꼭 가져가야 합니다.

point *4* 이스라엘의 '종과 나그네' 경험이 제사장 나라 기초 재산입니다.

point *5* '순종'은 하나님의 뜻이 이 땅에 이루어지는 통로입니다.

너무 멀면, 돈 주고 사라

If too far, pay with money

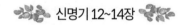
신명기 12~14장

point *1* 제사는 반드시 '하나님의 이름을 두려고 택하신 곳'에서 드려야 합니다.

point *2* B.C.8세기 북이스라엘의 멸망과 '하나님의 이름을 두려고 택하신 곳'과는 밀접한 관계가 있습니다.

point *3* 제사드리는 자는 혼자가 아닌, 가족과 종들과 레위인들과 함께 먹고, 함께 기뻐해야 합니다.

point *4* 거짓 선지자들의 이적과 기사를 통한 유혹을 조심해야 합니다.

point *5* 십일조는 범사에 복 받는 길입니다.

종이 주인 되었을 때

When a slave becomes the master

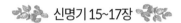 신명기 15~17장

point *1* 애굽에서 종 되었던 자들이 출애굽 40년 만에 가나안에서
는 '주인'이 됩니다.

point *2* 1년 세 차례 모이면 치안 유지비와 국방비를 절감할 수 있
습니다.

point *3* 하나님께서는 이스라엘 백성들과 함께 가난한 자를 돌보
는 제사장 나라를 꿈꾸십니다.

point *4* 하나님의 공의와 하나님의 긍휼은 동전의 양면입니다.

point *5* 만약 왕정이 시작된다면, 율법 법치 국가가 되어야 합니다.

겁내는 자, 집으로 가라

Those who fear, go home

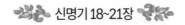

신명기 18~21장

point *1* 제사장 나라는 선지자 모세로부터 선지자 세례 요한까지
입니다.

point *2* 벌목하는 도중 도끼가 자루에서 빠져 이웃을 죽게 한 경우
도피성으로 피해야 합니다.

point *3* 재판 때 위증하는 자는 '눈에는 눈으로 이에는 이로' 처벌
받습니다.

point *4* 마음에 겁내는 군인은 집으로 돌려보냅니다.

point *5* 모세는 하나님의 눈길이 어느 곳을 향하고 있는지 섬세하
게 말합니다.

태형은 40대까지
Up to 40 whipslashes

 신명기 22~26장

point *1* 제사장 나라의 거룩한 시민은 이웃의 소가 길에 넘어졌을 때 소가 일어나도록 함께 도와주어야 합니다.

point *2* 제사장 나라에서 '노예'는 소중하게 돌보아야 할 이웃입니다.

point *3* 하나님께서는 고아의 아버지시며 과부의 재판장이십니다.

point *4* 태형은 40대까지, 그래서 보통 40대에서 하나 감한 매를 때립니다.

point *5* 제사장 나라의 언약을 지키면, 하나님께서 '모든 민족' 위에 뛰어나게 하실 것입니다.

언약에 따른 복과 저주

Blessing and curse depending on the covenant

 신명기 27~28장

point *1* 이제 곧 가나안에 들어가서 가장 먼저 행할 일은 '에발산에 서의 감사 제사'입니다.

point *2* 이제 곧 가나안에 가서 행할 일은 '그리심산'에서 순종을, '에발산'에서 불순종하지 않을 것을 맹세하는 것입니다.

point *3* 레위기 26장과 신명기 28장은 제사장 나라의 '긴 미래' 이 야기입니다.

point *4* 제사장 나라 긴 미래의 '순종의 복'은 하나님의 약속입니다.

point *5* 제사장 나라 긴 미래의 '불순종의 처벌'은 하나님의 말씀입 니다.

율법? 쉽다!
The law? Easy!

 신명기 29~30장

point *1* 율법, 늘 새롭습니다.

point *2* 율법, 가까이 '입'에 있습니다.

point *3* 율법, 어렵지 않습니다.

point *4* 율법, 새 언약을 예고합니다.

point *5* 율법, 영원한 언약 복음으로 향합니다.

국민가요
National anthem

 신명기 31~32장

point *1*   유언은 비전으로 이어집니다.

point *2*   레위 지파의 제사장들과 이스라엘 장로들은 율법을 낭독
하여 모든 이스라엘 백성에게 듣게 해야 합니다.

point *3*   120세 모세가 이스라엘의 국민가요를 만들어 선창합니다.

point *4*   모세의 노래는 다윗의 노래, 예레미야의 노래로 이어집
니다.

point *5*   은혜를 깊이 새겨야 교만하지 않습니다.

모세의 리더십
Leadership of Moses

 신명기 33~34장, 시편 90편

point 1 야곱은 열두 아들에게, 모세는 열두 지파에게 축복합니다.

point 2 〈창세기〉는 야곱의 죽음으로, 〈신명기〉는 모세의 죽음으로 끝이 납니다.

point 3 성경 속 하나님의 사람들은 나이가 들수록 총명해졌습니다.

point 4 장례위원장은 모세의 중요한 직업 중 하나였습니다.

point 5 모세의 리더십은 크게 다섯 가지로 정리할 수 있습니다.

500년 만의 성취
Fulfillment after 500 years

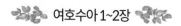

여호수아 1~2장

point *1* 하나님께서 아브라함에게 주신 땅에 대한 약속은 500년 만에 여호수아 때에 성취됩니다.

point *2* 여호수아가 책을 쓴 이유는 세 가지입니다.

point *3* 여호수아, "나 떨고 있다"라고 말합니다.

point *4* 가나안은 40년 전에도, 그리고 지금도 똑같이 떨고 있습니다.

point *5* 정탐은 믿음 있는 두 사람이면 충분합니다.

할례와 유월절
Circumcision and Passover

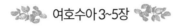
여호수아 3~5장

point *1* 홍해의 기적은 모세의 지팡이로, 요단강의 기적은 언약궤로 시작합니다.

point *2* 하나님께서는 홍해를 통해서 모세를, 요단강을 통해서 여호수아를 높이십니다.

point *3* 만나세대의 가나안 시대 첫 출발은 500년 전 아브라함이 시작한 할례와 40년 전 애굽에서 시작한 유월절 실행으로 시작됩니다.

point *4* 만나세대에게 지난 40년 동안 매일의 양식이었던 만나는 이제 언약궤 안 항아리에만 있습니다.

point *5* 모세도, 여호수아도 거룩한 곳에서 신을 벗습니다.

'음성' 파워

The power of 'sound'

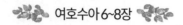 여호수아 6~8장

point *1* 가나안 정복 전쟁의 첫 전투는 제사장 7명이, 7개의 나팔을
들고, 7일 동안 앞장섭니다.

point *2* 칼과 창이 아닌 '소리'로 여리고성을 무너뜨립니다.

point *3* 아담과 아간은 소탐대실(小貪大失)의 닮은꼴입니다.

point *4* 두 번째 아이성 공성전의 전투 방식은 세 가지입니다.

point *5* 시내산에서는 하나님께서, 모압 평지에서는 모세가, 그리
심산과 에발산에서는 여호수아가 율법을 낭독합니다.

5년간의 전쟁, 두려움에서 용기로

5 Years of battle, from fear to courage

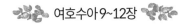
여호수아 9~12장

point *1*   모세는 애굽에서 바로와 6개월 동안 '협상 전쟁'을 했고, 여호수아는 가나안에서 31명의 왕들과 5년 동안 '공성전'을 했습니다.

point *2*   만나세대의 5년간의 전쟁은 하나님의 500년 약속 성취입니다.

point *3*   라합과 기브온 주민들의 고백은 같은 내용입니다.

point *4*   아브라함과 여호수아는 누군가를 돕기 위해 먼 길을 행군한 적이 있습니다.

point *5*   두려움이 없으면 용기도 없습니다.

75

갈렙, 여호수아의 자랑
Caleb, Joshua's pride

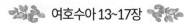 여호수아 13~17장

point *1* 여호수아, 갈렙의 도움으로 땅 분배에 성공합니다.

point *2* 제사장 나라의 가나안 땅 분배 방식은 4단계로 진행됩니다.

point *3* 갈렙, 40세에 목숨과 맞바꿔 얻은 특권을 85세에 하나님께 선물로 드립니다.

point *4* 헤브론은 아브라함의 땅에서 갈렙의 땅으로, 그리고 마침 내 다윗의 땅이 됩니다.

point *5* 여호수아는 자신의 지파인 에브라임 지파에게 갈렙의 케 이스(case)를 따라 하게 합니다.

76

땅 이름 수백 개
Thousands of places

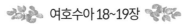 여호수아 18~19장

point *1*   하나님께서는 인간들에게 에덴 동산, 약속의 땅, 그리고 새 하늘과 새 땅을 주십니다.

point *2*   여호수아가 실로에 세운 회막(성막)은 사무엘 시대까지 이어집니다.

point *3*   제비뽑기는 하나님의 판단과 선택의 공정함을 강조하며 주도권을 하나님께 모두 돌려드리는 것입니다.

point *4*   시므온에 대한 야곱의 축복은 가나안 땅 분배 때 현실이 됩니다.

point *5*   모세가 바라만 본 그 땅의 일부를 여호수아가 분배받습니다.

48개 관공서, 레위인 성읍
Cities of Refuge, Towers of Levites

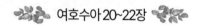
여호수아 20~22장

point *1* 여호수아의 가나안 정복 전쟁 5년 마무리는 세 가지입니다.

point *2* 도피성으로 피하는 자는 재판을 두 번 받아야 합니다.

point *3* 제사장 나라는 1개의 중앙 성소와 48개의 관공서로 운영됩니다.

point *4* 여호수아는 모세와의 선봉대 약속을 5년 동안 지킨 두 지파 반에게 책임을 다했음을 선포합니다.

point *5* 만나세대들의 오해를 푸는 솜씨는 전쟁 능력만큼이나 뛰어납니다.

여호수아의 유언

Joshua's will

여호수아 23~24장

point *1* 　모세와 여호수아의 아름다운 퇴장은 닮은꼴입니다.

point *2* 　여호수아는 그의 유언을 역사적인 땅 세겜에서 합니다.

point *3* 　죽음을 앞둔 모세는 120세에 지난 40년을, 여호수아는 110세에 지난 20년을 회고하며 당부합니다.

point *4* 　창세기 50장의 요셉의 유언은 여호수아 24장에서 이루어 집니다.

point *5* 　여호수아의 마지막 노래도 모세처럼 '하나님을 사랑하라' 입니다.

만나세대의 세 번째 울음
The Manna Generation's third cry

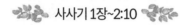

사사기 1장~2:10

point *1*   제사장 나라 1,500년 역사에서 사사 시대 350여 년은 제사
장 나라의 틀이 유지된 시대였습니다.

point *2*   이제 만나세대는 모세와 여호수아 없이 가나안에서 제사
장 나라의 과제를 수행합니다.

point *3*   유다 지파와 시므온 지파가 연합 전선을 펼쳐 싸웁니다.

point *4*   가나안은 철 병거를 이끌고 골짜기로 들어가 저항합니다.

point *5*   만나세대는 세 번 소리 높여 울었습니다.

출애굽·만나·제3세대

Exodus, Manna, Third Generation!

 사사기 2:11~5장

point *1* '만나세대'는 하나님을 알았으나 '그 후에 일어난 다른 세대'는 하나님을 몰랐습니다.

point *2* 만나세대의 자녀 세대들은 안타깝게도 '제사장 나라 문화는 약화'시키고 오히려 '가나안 문화'를 따르기 시작합니다.

point *3* 사사 시대 350여 년 동안 제사장 나라 법에 따라 징계 1단계, 2단계가 반복됩니다.

point *4* '사사'는 하나님의 긍휼을 베푸는 통로입니다.

point *5* 드보라의 찬양은 40년 한 세대의 평화를 만들었습니다.

전쟁이 300 용사를 만든다!

The war that made 300 soldiers

사사기 6~7장

point *1*   미디안과의 전쟁을 통해 '기드온과 300용사'가 탄생됩니다.

point *2*   2만 2천 명은 3만 2천 명도 적다고 떨었습니다.

point *3*   하나님께서 최종 '300용사'를 선택하신 이유는 세 가지입니다.

point *4*   고대 전쟁 중 야습은 고도로 훈련된 병사를 통해서만 가능했습니다.

point *5*   전쟁에서 생환한 300용사는 '제사장 나라를 간증'합니다.

아버지의 성공과 아들의 실패
A father's success and the son's failure

 사사기 8~9장

point 1   기드온은 성공했으나 기드온의 아들 아비멜렉은 실패합
니다.

point 2   기드온은 '다섯으로 백을 이겨' 제사장 나라 통치 40년을
이끌었습니다.

point 3   기드온은 지혜롭고 겸손한 자세로 에브라임 지파와의 내
분을 피하는 데 성공합니다.

point 4   기드온은 자신을 왕으로 추대하려는 자들에게 여호수아의
말을 인용하며 거절합니다.

point 5   아비멜렉은 기드온 집안과 세겜을 풍비박산(風飛雹散)되게
만들고 맙니다.

'쉽'과 '십'
Mispronunciation

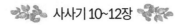 사사기 10~12장

point *1* 　제사장 나라 지도자들의 이력은 수준 차이가 납니다.

point *2* 　입다가 롯의 후손 암몬 자손의 잘못된 역사관을 바로잡습
　　　　니다.

point *3* 　제사장 나라 3대 명절인 유월절, 칠칠절, 초막절을 지키지
　　　　않으면 사소한 내부 오해로 큰 피해를 입게 됩니다.

point *4* 　제사장 나라의 율법은 매우 가까이, 즉 입술과 마음에 있
　　　　습니다.

point *5* 　베들레헴의 사사 입산 또한 부끄러운 이력의 소유자였습
　　　　니다.

나실인 삼손
The Nazirite Samson

 사사기 13~16장

point *1*   하나님의 열심은 시대를 새롭게 할 지도자를 계속해서 찾으시는 것입니다.

point *2*   하나님께서 제사장 나라의 특별법인 '나실인 법'을 직접 발동하십니다.

point *3*   사사 시대임에도 불구하고 마노아도 한나도 모두 제사장 나라의 '나실인 법'을 알고 있었습니다.

point *4*   삼손은 제사장 나라 나실인 법보다 자기의 소견에 옳은 대로 행동합니다.

point *5*   거인 삼손의 마음이 갈대처럼 흔들립니다.

기초가 무너진 사회

A society with a broken foundation

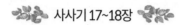 사사기 17~18장

point *1* 개인도, 가정도, 지파도 모두 각자 소견에 옳은 대로 행동합
니다.

point *2* 제사장 나라의 48개의 지방 관공서 시스템이 무너져가고
있습니다.

point *3* 한 레위인이 자기 소견에 옳은 대로 행동합니다.

point *4* 한 가정이 그들의 소견에 옳은 대로 행동합니다.

point *5* 한 지파가 그들의 소견에 옳은 대로 행동합니다.

86

소견대로 비상 총회
Principle-less Emergency Assembly

사사기 19~21장

point *1* 사사 시대는 개인, 가정, 지파를 넘어 '총회'까지도 각자의
소견에 옳은 대로 행동하는 시대였습니다.

point *2* 사사 시대에 어느 한 레위인은 자신의 소견에 옳은 대로 잘
못된 두 가지 판단을 합니다.

point *3* 당시 기브아는 오래전 소돔과 고모라 때와 같은 불량배들
이 활보하는 곳이었습니다.

point *4* 베냐민 지파는 그들 지파의 소견대로가 아닌 제사장 나라
의 율법으로 일을 처리해야 했습니다.

point *5* 사사 시대는 제사장 나라 율법이 희미한 무늬로만 있습
니다.

아름다운 율법의 구현

Embodiment of a beautiful law

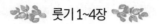 룻기 1~4장

point *1* 〈룻기〉는 한마디로 '제사장 나라' 이야기입니다.

point *2* 나오미는 제사장 나라 법을 '변칙적으로' 사용했습니다.

point *3* 보아스는 제사장 나라 법을 '법대로 순종하며' 삽니다.

point *4* 제사장 나라 성문 법정은 민·형사 문제를 결정합니다.

point *5* 이방 여인 룻은 제사장 나라의 복을 받고 마태복음 1장의
족보에도 들어갑니다.

한나의 제사장 나라 기도
Hannah's prayer of A Kingdom of Priests

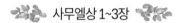 사무엘상 1~3장

point *1* 선지자 모세는 만나세대를, 선지자 사무엘은 미스바세대를 길러냅니다.

point *2* 여호수아의 '실로'가 수백 년 만에 사무엘의 '실로'로 되살아납니다.

point *3* 한나는 제사장 나라 '나실인 법'으로 기도합니다.

point *4* 제사장 엘리는 자식 교육은 실패하지만 제자 교육은 성공합니다.

point *5* 네 자녀에게 어릴 때부터 하나님을 가르치라!

미스바세대 탄생

The birth of the Mizpah Generation

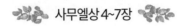

사무엘상 4~7장

point *1*   언제나 '한 사람의 순종'은 하나님의 시작입니다.

point *2*   제사장 나라 언약궤는 전쟁 승리의 도구가 아닙니다.

point *3*   드디어 제사장 나라의 제2부흥 시대 '미스바세대'가 탄생 됩니다.

point *4*   미스바세대는 제사장 나라의 세 가지 '행복한 이야기'를 체 험합니다.

point *5*   보아스는 베들레헴을, 사무엘은 전국을 행복하게 만듭니다.

제사장 나라 제도 vs. 왕정 제도

A Kingdom of Priests vs. monarchical system

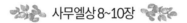 사무엘상 8~10장

point *1* 왜! 모세, 여호수아, 기드온, 사무엘은 왕이 되지 않으려고 노력까지 했는가?

point *2* 이스라엘 백성들이 왕정 제도를 요구한 것에는 표면적 이유 두 가지와 실질적 이유 두 가지가 있습니다.

point *3* 왕정 제도는 '백성이 왕의 노예'가 되게 합니다.

point *4* 40대 초반이었던 사울에게는 네 가지 장점이 있었습니다.

point *5* 사무엘은 '제사장 나라'와 '왕정 제도'를 비교하는 책을 써서 남깁니다.

사무엘 퇴임사

Samuel's retirement speech

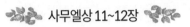 사무엘상 11~12장

point *1* 역사를 통해 교육받지 못한 암몬이 길르앗 야베스를 또다시 침략합니다.

point *2* 사울은 길르앗 야베스 사건을 계기로 '중앙집권적 왕권'을 시작합니다.

point *3* 길르앗 야베스 사람들은 '은혜를 흐르는 물이 아닌 심비'에 새깁니다.

point *4* 모세는 모압 평지에서, 사무엘은 길갈에서 고별사를 합니다.

point *5* 사무엘은 '우레와 비' 기적을 통해 왕정 요구의 잘못을 다시 한번 재확인합니다.

92

왕정 500년의 시작

The start of the 500 years of monarchy

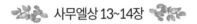
사무엘상 13~14장

point *1*   왕정 500년은 사울로 시작하여 시드기야로 끝이 납니다.

point *2*   이스라엘의 초대 왕 사울은 백성들과 가까워진 만큼 하나
님과는 멀어집니다.

point *3*   사울은 제사보다, 제사를 통한 전쟁 승리에 더 관심이 많았
습니다.

point *4*   요나단의 '첫 번째 마음을 합한 자'는 자신의 무기를 든 자
였습니다.

point *5*   사울 왕의 잘못된 제사는 사무엘이 막고, 사울 왕의 잘못된
명령은 백성들이 막습니다.

사울의 권력 사유화

Saul's abuse of political power

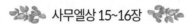
사무엘상 15~16장

point *1* 아말렉의 삶의 방식은 500년 동안이나 변함이 없습니다.

point *2* 사무엘과 사울이 서로 버립니다.

point *3* 거침없는 사울은 이제 자신의 권력을 위해 사무엘을 죽일 수도 있습니다.

point *4* 이새는 아들 모두를 제사장 나라 왕의 재목으로 키웠습니다.

point *5* 다윗은 물매로 아버지의 재산도 그리고 제사장 나라 이스라엘도 지켜냅니다.

다윗과 요나단
David and Jonathan

사무엘상 17~18장

point 1   엘라 골짜기 40일의 두려움이 '천천 만만' 노래를 만듭니다.

point 2   다윗의 예선은 사자의 발톱, 골리앗의 베틀 채 그리고 사울의 사유화된 권력이었습니다.

point 3   다윗과 요나단은 "전쟁은 여호와께 속해 있다"라는 말로 통합니다.

point 4   요나단의 제안으로 요나단과 다윗은 언약을 맺습니다.

point 5   사울은 자신의 딸 미갈을 이용해 다윗에 대한 차도살인(借刀殺人)을 시도합니다.

사울과 맞서지 않는 다윗

David avoids fighting Saul

사무엘상 19장, 시편 59편

point *1* 사울이 계획한 '우연을 가장한 다윗 죽이기'가 모두 실패로 돌아갔습니다.

point *2* 사울은 다윗 살해 의지를 모든 신하에게 공개적으로 표명합니다.

point *3* 다윗이 사울과 맞서지 않고 도망하는 이유는 두 가지 때문입니다.

point *4* 그럼에도 다윗을 지키려는 사람들이 있습니다.

point *5* 사방이 다 막히자, 다윗은 기도로 하늘 문을 열기 시작합니다.

기도로 여는 하늘 문

Opening the heaven through prayer

 사무엘상 20~21장, 시편 34편

point *1*   다윗과 요나단의 언약은 '권력'을 뛰어넘습니다.

point *2*   다윗과 요나단은 이별하며 같이 한없이 웁니다.

point *3*   사울은 도망자 다윗에게 떡 한 조각을 주었다는 이유로 놉
의 제사장 85명을 한번에 다 죽입니다.

point *4*   다윗은 사울을 피해 서쪽 블레셋 땅으로 도망합니다.

point *5*   미친 체하며 겨우 살아남은 다윗은 "젊은 사자는 궁핍하여
주릴지라도 여호와를 찾는 자는 부족함이 없다"라고 고백
합니다.

사울의 공포 정치
Saul's rule of terror

사무엘상 22장, 시편 52편

point *1* 다윗은 아둘람굴에서 신진 정치 세력 400여 명을 규합합
니다.

point *2* 이스라엘 서쪽 블레셋에서 도망 나온 다윗이 이번에는 이
스라엘 동쪽 모압으로 피신합니다.

point *3* 다윗이 선지자의 말을 듣기 시작합니다.

point *4* 다윗이 머물러야 할 곳은 모압이나 블레셋이 아닌 사울 권
력 사유화의 칼끝입니다.

point *5* 다윗은 또다시 하늘 문을 열고자 무릎을 꿇습니다.

하나님의 임명권

God is the One who Appoints

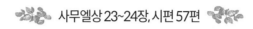

사무엘상 23~24장, 시편 57편

point *1*   다윗은 골리앗을 이겨 '사울 천천 다윗 만만 전국 노래'를 만들고, 사울은 제사장 85명을 한꺼번에 죽여 '전 국민 밀고자들'을 만듭니다.

point *2*   다윗과 요나단이 십 광야에서 마지막으로 만납니다.

point *3*   사울의 '특수부대 3,000명'이 마온 황무지에서 다윗의 '오합지졸 600명'을 포위합니다.

point *4*   다윗은 사울의 겉옷 자락만 베고도 하나님의 임명권 기준으로 괴로워합니다.

point *5*   다윗은 엔게디 광야 굴속에서 제사장 나라 세계 경영의 꿈을 새롭게 합니다.

3,000명을 잠들게 하신 이유

The reason God put 3,000 men to sleep

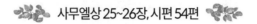

사무엘상 25~26장, 시편 54편

point *1*   이스라엘 백성들의 다윗에 대한 평가가 확연하게 둘로 나
뉘기 시작합니다.

point *2*   다윗은 도망자 생활 중에 도엑, 나발, 그리고 수많은 밀고자
를 만납니다.

point *3*   다윗은 도망자 생활 중 아비가일을 만나게 됩니다.

point *4*   십 사람들이 또다시 다윗을 밀고합니다.

point *5*   하나님께서는 사울의 특수부대원 3,000명 모두를 잠들게
하신 후 다윗 한 명을 지켜보십니다.

망명지에 들려온 조국의 슬픈 소식

Sad news that reached outsider David

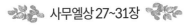 사무엘상 27~31장

point 1 다윗은 블레셋 왕과 정치적 거래를 통해 블레셋으로 두 번째 망명을 합니다.

point 2 다윗을 자기편으로 우군화하지 못한 사울은 겨우 신접한 여인을 찾는 처지가 됩니다.

point 3 다윗은 블레셋 왕 앞에서 한 번은 '미친 척', 또 한 번은 '충성스러운 척'해서 위기를 극복합니다.

point 4 이스라엘과의 싸움을 겨우 피한 다윗은 자기를 따르던 600명의 내부 붕괴라는 절체절명의 위기에 직면합니다.

point 5 사무엘과 다윗까지 죽이려 했던 사울은 80세 나이에 자결로 생을 마감합니다.

유다 지파의 왕으로 추대된 다윗

David as the king of Judah

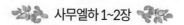

사무엘하 1~2장

point *1* 이스라엘은 사울의 죽음 후 '한 민족 두 국가'로 1차 분단됩니다.

point *2* 사울의 '도망 나간 종 다윗' 모함 대신 다윗은 '용사 사울의 죽음'을 유다 지파와 함께 애도합니다.

point *3* 다윗은 사무엘에게 기름 부음을 받은 후 15년여 만에 유다 지파에게 두 번째 기름 부음을 받고 왕이 됩니다.

point *4* 유다 지파의 왕이 된 다윗의 첫 업무는 길르앗 야베스 사람들을 축복한 일입니다.

point *5* 북쪽 열한 지파와 남쪽 한 지파의 남북 갈등은 7년 반 동안 지속됩니다.

다윗의 세 번째 기름 부음과 통일왕조 수립

David's third anointment and the establishment
of the unified dynasty

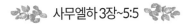 사무엘하 3장~5:5

point *1*   민족 분단 7년 6개월 만에 다윗과 아브넬이 '통일 담판'을
            합니다.

point *2*   요압의 아브넬 살해로 남북 갈등이 최고조에 달합니다.

point *3*   다윗은 3일 만에 '요압의 아브넬 단독 살해' 범행을 온 국민
            에게 밝혀냅니다.

point *4*   림몬의 아들들의 이스보셋 살해로 베냐민 지파 내부 권력
            이 완전히 붕괴됩니다.

point *5*   다윗이 37세에 열두 지파 모든 백성으로부터 왕으로서 기
            름 부음을 받습니다.

1,000년의 정치 의제

1,000 years long political agenda

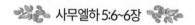 **사무엘하 5:6~6장**

point *1* 1,000년을 위한 다윗의 정치 의제는 제사장 나라입니다.

point *2* 다윗의 예루살렘 점령으로 1,000년 만에 '땅에 대한 약속'
이 완전하게 성취됩니다.

point *3* 예루살렘에서 다윗의 제사장 나라 세계 정치가 시작됩니다.

point *4* 다윗은 웃사 한 사람의 죽음으로 3만 명의 군사를 동원한
'법궤 옮기기 행사를 중단'시킵니다.

point *5* 시내산에서 만들어진 법궤가 500년 만에 마침내 예루살렘
에 자리 잡습니다.

성전 건축과 다윗

Construction of the temple and David

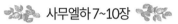

사무엘하 7~10장

point *1*   왕이 된 다윗이 예루살렘 성전 1,000년 시대를 엽니다.

point *2*   전쟁의 달인 다윗은 '제국'을 만들지 않습니다.

point *3*   '공과 의'를 행할 다윗 정부 내각의 명단입니다.

point *4*   왕이 된 다윗은 40년 동안 베냐민 지파를 '끌어안는 정치'
를 합니다.

point *5*   암몬은 역사도 모르고 다윗도 알지 못함으로 큰 패배를 당
합니다.

우슬초 정결

Cleansing with hyssop

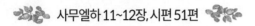 **사무엘하 11~12장, 시편 51편**

point *1* 다윗은 편지 한 장으로 우리아에 대한 차도살인(借刀殺人)을 시행합니다.

point *2* 선지자 나단은 왕 다윗과 대립을 선언합니다.

point *3* 왕 다윗이 제사장 나라 법 앞에 무릎을 꿇습니다.

point *4* 다윗이 우슬초 정결 시로 '하나님의 용서의 기적'을 노래합니다.

point *5* 하나님께서는 회개한 다윗에게 선지자 나단을 다시 보내주십니다.

험악한 형제 갈등
Terrible Brother's Feud

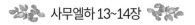
사무엘하 13~14장

point *1* 야곱 아들들의 형제 갈등보다 다윗 아들들의 형제 갈등이
더 험악합니다.

point *2* 간교한 친구를 둔 암논의 결말은 죽음입니다.

point *3* 계략으로 우리아를 속인 다윗은 두 아들, 암논과 압살롬의
계략에 속습니다.

point *4* 요압은 압살롬을 도와주기도 하고 죽이기도 합니다.

point *5* 자신의 죄악을 인정하지 않는 압살롬이 쿠데타를 치밀하
게 계획합니다.

쿠데타 이야기 1 - 압살롬의 반역

The story of coup d'etat 1 - Absalom's Rebellion

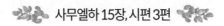

사무엘하 15장, 시편 3편

point *1* 다윗 인생의 가장 큰 두 번의 내부 위기는 시글락 600명의
'돌' 사건과 아들 압살롬의 '쿠데타' 사건입니다.

point *2* 압살롬은 성문 재판과 헤브론에서의 서원 제사를 쿠데타
의 기반으로 이용합니다.

point *3* 사울에게 쫓길 때에는 줄이라도 타고 도망 나왔던 다윗이
아들 압살롬에게 쫓길 때에는 맨발로 도망 나옵니다.

point *4* 다윗은 도망 길에서도 권력의 변동성을 열어놓습니다.

point *5* 다윗은 정치 9단 아히도벨과 상대하도록 동급의 정치 9단
후새를 압살롬 곁으로 거짓 투항시킵니다.

쿠데타 이야기 2 - 쿠데타 일반 심리

The story of coup d'etat 2 - General Psychology

 사무엘하 16~17장

point **1**   다윗은 도피 길에서 여러 부류의 사람들을 만납니다.

point **2**   다윗은 베냐민 지파 시므이의 저주를 통해 친위쿠데타의
효과를 생각해둡니다.

point **3**   책사 아히도벨은 압살롬의 친위쿠데타 소문을 실제 쿠데
타로 바꿔놓습니다.

point **4**   다윗의 긴 손 후새는 '쿠데타의 일반 심리'로 아히도벨의
계략을 무력화시킵니다.

point **5**   '1만 2천 명 속전속결' 안이 거절되자 아히도벨은 오피스텔
을 정리하고 고향으로 돌아가 스스로 목매달아 죽습니다.

109

쿠데타 이야기 3 - 친위쿠데타

The story of coup d'etat 3 - Inner Coup

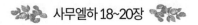 사무엘하 18~20장

point *1*   아히도벨은 스스로 죽고, 압살롬은 요압에게 죽습니다.

point *2*   다윗에게 요압은 참으로 쉽지 않은 측근입니다.

point *3*   다윗은 제사장들과 유다 지파를 내세워 예루살렘으로 다
시 복귀합니다.

point *4*   다윗은 압살롬 쿠데타로 친위쿠데타 효과를 얻습니다.

point *5*   베냐민 지파 세바 사건을 끝으로 압살롬 쿠데타는 최종 종
결됩니다.

3년 기근 사건

3 Years of famine

🌿 사무엘하 21~22장 🌿

point 1 다윗 시대의 '3년 기근 사건'은 여호수아 때에 기브온과 맺은 언약을 사울이 지키지 않았기 때문입니다.

point 2 다윗이 사울 가문 전체의 장례를 치러줍니다.

point 3 전쟁에 누가 참여하느냐는 2차적인 문제입니다.

point 4 모세가 자신의 삶을 되돌아보며 하나님을 찬양했듯이, 다윗도 자신의 삶을 되돌아보며 하나님을 찬양합니다.

point 5 다윗은 영원히 하나님을 찬양하며 살 것을 다짐합니다.

민수기 인구조사 vs. 다윗의 인구조사
The census in Numbers vs. David's census

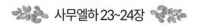 사무엘하 23~24장

point *1*   다윗은 선지자 모세, 사무엘, 나단, 갓을 통해 하나님의 언
약을 받습니다.

point *2*   용사가 용사를 만듭니다.

point *3*   〈민수기〉 인구조사와 다윗의 인구조사는 다릅니다.

point *4*   다윗은 '숫자 과시'가 죄라는 사실을 깨닫게 됩니다.

point *5*   아브라함과 이삭의 모리아산이 1,000년 후 다윗과 솔로몬
의 성전 터가 됩니다.

신앙적 유언, 정치적 유언

Spiritual will, Political will

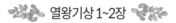
열왕기상 1~2장

point 1 제사장 나라와 하나님 나라는 유언과 비전으로 이어집니다.

point 2 다윗은 제사장 사독을 통해 솔로몬의 머리에 기름 부어 이스라엘의 왕이 되게 합니다.

point 3 다윗은 솔로몬에게 '신앙적 유언'을 먼저 합니다.

point 4 다윗은 솔로몬에게 '신앙적 유언'에 이어 '정치적 유언'을 합니다.

point 5 솔로몬은 그의 정치 초반 3년 동안 다윗의 정치적 유언을 모두 실행합니다.

솔로몬의 지혜
Solomon's wisdom

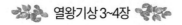
열왕기상 3~4장

point *1* 솔로몬은 다윗의 정치적 유언에 이어 신앙적 유언을 실행합니다.

point *2* DNA 검사 확인보다 빠른 것이 '마음 확인'입니다.

point *3* 솔로몬의 지혜로운 정무적 판단은 내각 운영을 통해 드러납니다.

point *4* 솔로몬의 초반 정치적 업적은 '개인 편차', '지역 편차', '민족 갈등'이 없다는 것입니다.

point *5* 솔로몬의 지혜는 인문, 사회, 자연과학 그 이상입니다.

천년 성전 개막
Founding 1,000 years of the Temple

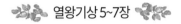
열왕기상 5~7장

point *1* 500년 '움직이는 성막(회막) 시대'가 종결되고 1,000년 '예루
살렘 성전 시대'가 열립니다.

point *2* 이스라엘과 두로가 성전 건축과 관련해 국제 협약을 맺습
니다.

point *3* 성막 제작의 헌신자는 브살렐과 오홀리압이었고, 예루살
렘 성전 건축의 헌신자는 아도니람과 히람입니다.

point *4* 하나님의 시선은 성전을 짓고 있는 솔로몬의 마음에 있습
니다.

point *5* 역사 속 성전 건축은 두 번은 설계도대로 그리고 한 번은
정치적으로 건축됩니다.

세계 정치 선언 기도 : 성전 낙성식
The prayer of dedication: International Politics

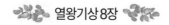
열왕기상 8장

point *1* 움직이는 성막 500년 동안 법궤의 이동 경로에는 시내산에 서부터 예루살렘까지 열 개의 이야기가 들어 있습니다.

point *2* 성막 봉헌 때에도, 성전 봉헌 때에도 구름이 덮이고 하나님 의 영광이 충만합니다.

point *3* 솔로몬의 성전 낙성식 기도는 '열방을 향한 세계 정치 성명 서'입니다.

point *4* 다니엘의 하루 세 번 예루살렘 성전을 향한 기도는 솔로몬 의 성전 낙성식 기도에 그 근거를 두고 있습니다.

point *5* 성막 봉헌 때에는 12일간, 성전 봉헌 때에는 14일간 예물을 드립니다.

모든 민족을 위한 '이방인의 뜰'
The 'Court of Gentiles' for All nations

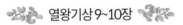
열왕기상 9~10장

point *1* 가나안 입성을 앞두었을 때처럼 성전 건축과 왕궁 건축을 마치자 다시 한번 '복과 저주의 길'이 제시됩니다.

point *2* 다윗은 전쟁으로, 솔로몬은 건축으로 국가를 경영했습니다.

point *3* 솔로몬은 국내적으로는 제사장 나라 3대 명절을 통해, 국제적으로는 국제 무역을 통해 국가의 풍요를 만듭니다.

point *4* 스바의 여왕은 예루살렘 성전 '이방인의 뜰'에서 기도했습니다.

point *5* 솔로몬의 국제 관계는 세계 선교의 통로가 되어야 했습니다.

세상 지혜에는 없는 것

Absent from the world's wisdom

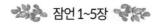 잠언 1~5장

point *1*   세상의 지혜와 성경의 지혜는 분명한 차이가 있습니다.

point *2*   이삭, 솔로몬, 사무엘, 그리고 디모데가 들은 말은 모두 아버지의 사랑을 가득 담은 "내 아들아"입니다.

point *3*   솔로몬이 소개하는 지혜를 얻는 방법은 하나님께 지혜를 구하는 것입니다.

point *4*   솔로몬은 창고가 가득 차는 법도 가르쳐줍니다.

point *5*   지혜는 한 번 얻었다고 해서 마지막 순간까지 지킬 수 있는 것이 아닙니다.

지혜와 미련함의 갈림길

Crossroads between wisdom and foolishness

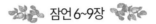 잠언 6~9장

point *1* 지혜는 구체적인 생활 속에서 표현되어야 합니다.

point *2* 어떠한 유혹도 지혜로운 사람은 넘어뜨릴 수 없습니다.

point *3* 지혜는 진주보다 나으므로 세상의 어떤 것과도 비교할 수 없습니다.

point *4* 지혜는 모든 만물이 생기기 전, 창세전에 하나님 안에 있는 것입니다.

point *5* 모든 인생은 지혜와 미련함 그 갈림길에 서 있습니다.

지혜자와 동행하면
Walking with a wise person

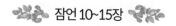

잠언 10~15장

point *1* 추수 때를 놓치지 말아야 하나님께 예물을 드릴 수 있습니다.

point *2* 사랑은 허다한 허물을 덮습니다.

point *3* 악인은 그 입술의 허물 때문에 그물에 걸리게 됩니다.

point *4* 겸손한 자는 권면을 듣는 지혜가 있습니다.

point *5* 지혜로운 자와 동행하면 지혜를 얻습니다.

인생의 참 행복

True happiiness in life

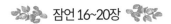 잠언 16~20장

point *1* 하늘의 인생 법칙은 우리 모든 행사를 여호와께 맡기는 것
입니다.

point *2* 제비는 사람이 뽑지만 모든 일의 결정은 하나님께서 하십
니다.

point *3* 노하기를 더디 하는 것이 성(城)을 빼앗는 것보다 어렵습
니다.

point *4* 남을 대접하는 자는 영혼이 잘되고 범사에 잘되고 강건하
게 되는 복을 누리게 됩니다.

point *5* 가난한 자를 불쌍히 여기는 것은 하나님께 꾸어드리는 것
입니다.

악인의 형통함을 부러워 말라

Do not envy a foolish person's wealth

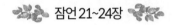

잠언 21~24장

point *1* '여호와의 도'를 지킬 때 환난 당한 자, 빚진 자, 원통한 자를
만들지 않을 수 있습니다.

point *2* 이기고 지는 것은 언제나 하나님 손에 달려 있습니다.

point *3* 좋은 습관은 어려서 만들어야 백배 유익합니다.

point *4* 누군가를 억울하게 하면 결국 자기 손해입니다.

point *5* 악인의 형통함은 바람에 나는 겨와 같습니다.

미련한 자의 특징

Characteristics of the foolish

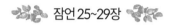 잠언 25~29장

point *1*   솔로몬의 '메타포(metaphor)' 즉 비유를 들어 쉽게 설명해 주는 것은 예수님을 닮았습니다.

point *2*   악한 종은 게으르고, 착한 종은 충성됩니다.

point *3*   미련한 자의 특징은 스스로 지혜롭다고 생각하는 것입니다.

point *4*   가난한 자를 구제하는 자는 궁핍하지 않을 것입니다.

point *5*   나라는 '정의'로 견고해지고 '뇌물'로 망하게 됩니다.

진주보다 귀한 여인

A woman more precious than pearls

잠언 30~31장

point *1* 아굴의 기도는 두 가지입니다.

point *2* 아굴은 땅에서 작지만 가장 지혜로운 것, 네 가지를 소개합
니다.

point *3* 르무엘 왕에게 주는 어머니의 충고는 두 가지입니다.

point *4* 왕의 본분은 재판을 통해 곤고한 자를 신원하는 것입니다.

point *5* 진주보다 더 귀한 현숙한 여인이 가정도, 세상도 바꿉니다.

아가서 사랑 이야기

The love story in Song of Songs

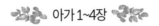 아가 1~4장

point *1* 〈아가〉를 통해 우리는 인생들을 향하신 하나님의 끝없는 사랑을 깨닫게 됩니다.

point *2* 만남은 사랑의 시작입니다.

point *3* 진정한 사랑이란 서로 안에 있는 것입니다.

point *4* 사랑은 신분의 차이까지도 뛰어넘습니다.

point *5* 하나님의 마음이 머무는 곳에 우리의 시선이 가야 합니다.

참사랑

True love

 아가 5~8장

point *1*   하나님께서 우리와 함께하신다는 '임마누엘' 그것이 가장 크고 놀라운 사랑입니다.

point *2*   솔로몬과 술람미 여인의 사랑, 그 최고의 표현은 "나는 내 사랑하는 자에게 속하였고 내 사랑하는 자는 내게 속하였다"입니다.

point *3*   우리는 하나님의 택하신 족속, 왕 같은 제사장, 거룩한 나라, 그리고 그의 소유된 백성입니다.

point *4*   우리를 향한 하나님의 사랑은 끊을 수가 없습니다.

point *5*   진실한 사랑은 죽음보다 강합니다.

솔로몬 통치 후반기

The second half of Solomon's rule

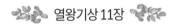 열왕기상 11장

point *1*   솔로몬 통치 후반기는 제사장 나라의 충성도는 낮아지고 제국에 대한 모방은 높아집니다.

point *2*   언제나 한결같았던 다윗의 마음과는 달리 솔로몬의 마음은 세 번 바뀝니다.

point *3*   솔로몬 통치 후반기의 세 가지 폐단은 왕실의 사치, 과다한 세금, 그리고 종교적 부패입니다.

point *4*   부지런한 큰 용사 여로보암이 솔로몬의 대적이 됩니다.

point *5*   하나님께서 솔로몬의 후손들에게 왕권을 전부 빼앗지 않으신 이유는 유다와 다윗에게 하신 언약 때문입니다.

127

수고와 헛수고

Effort and useless effort

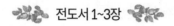

전도서 1~3장

point 1 솔로몬은 통치 전반기는 '수고'했고, 통치 후반기는 '헛수고'했습니다.

point 2 솔로몬이 "헛되다"라고 말한 까닭은 크게 네 가지입니다.

point 3 솔로몬은 하나님 없는 인간의 지혜는 허무주의로 끝난다고 말합니다.

point 4 솔로몬은 하나님 없는 인간의 모든 부귀영화는 헛된 쾌락일 뿐이라고 고백합니다.

point 5 인생의 헛됨은 때를 정하신 하나님을 경외함으로 극복할 수 있습니다.

하나님 없는 인생은?

A life without God?

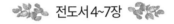 전도서 4~7장

point *1* 인생의 헛됨을 극복할 수 있는 길은 '더불어 사는 삶'에 있습니다.

point *2* 하나님을 경외하는 사람들이 가져야 할 세 가지 태도입니다.

point *3* 하나님 없는 인생은 천 년의 갑절을 산다 할지라도 행복하지 못합니다.

point *4* 참는 마음이 교만한 마음보다 낫습니다.

point *5* 하나님께서는 인간들의 인생길에 오르막길과 내리막길을 동시에 주셨습니다.

'헛되다'를 배우다

Learning about 'meaningless'

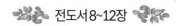

전도서 8~12장

point *1* 인간의 한계는 자신의 죽을 날을 피하거나 연기시킬 수 없다는 것입니다.

point *2* 악인은 결국 잘되지 못하며 그날이 그림자와 같습니다.

point *3* 술 맡은 관원장에게 다시 요셉을 기억나게 하신 분은 바로 살아 계신 하나님이십니다.

point *4* 10대에는 꿈을 배우고, 20대 청년의 때에는 '헛되다'를 배워야 합니다.

point *5* 하나님께서는 인생들의 모든 행위와 모든 은밀한 일을 선악 간에 심판하십니다.

의인의 고난

A righteous man's suffering

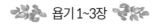
욥기 1~3장

point *1* 〈욥기〉는 동서고금을 막론하고 가장 위대한 '시'이자 '희곡'으로 평가받습니다.

point *2* 하나님의 자랑은 은도 금도 아닌 '당신의 종'입니다.

point *3* 욥을 향한 사탄의 1차 시험 후, 욥에 대한 하나님의 자랑은 더 커지십니다.

point *4* 욥을 향한 사탄의 2차 시험 후, 욥의 아내는 떠나고 세 친구가 찾아옵니다.

point *5* 욥의 탄식으로 세 친구와 논쟁이 시작됩니다.

131

엘리바스의 책망

Eliphaz's rebuke

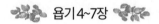

욥기 4~7장

point *1* 욥은 자신의 '고난의 원인'을 놓고 세 차례에 걸쳐 논쟁합니다.

point *2* 욥의 탄식에 대해 먼저 엘리바스가 책망합니다.

point *3* 엘리바스는 '욥의 고난'을 인과율적으로 해석하며 회개하라고 주장합니다.

point *4* 욥은 자신의 무죄함을 주장하며 엘리바스의 주장이 자신에게 위로가 되지 않았음을 말합니다.

point *5* 이제 욥은 '침묵하시는 하나님'께 호소하기 시작합니다.

네 시작은 미약하였으나?

Although your start was prosperous?

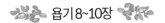

욥기 8~10장

point *1* 빌닷이 욥의 자녀들의 죽음을 하나님의 공의로 해석한 것은 하나님에 대한 무지 때문입니다.

point *2* 하나님께서는 "시작은 미약하나 나중은 창대하리라"라는 빌닷의 말을 인정하시지 않습니다.

point *3* '하나님의 공의'를 말하는 빌닷에게 욥은 '하나님의 전능, 주권, 자비'를 말합니다.

point *4* 빌닷에게 항변했던 욥은 이제 직접 하나님께 자신의 입장을 토로합니다.

point *5* 욥은 하나님께 이 고통의 시간을 그만 멈추게 해주시기를 탄원합니다.

133

하나님께 호소하기
Pleading to God

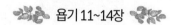

욥기 11~14장

point *1* 소발은 욥의 탄식까지도 불의하다고 정죄합니다.

point *2* 소발은 욥의 교만이 사라지도록 '하나님의 뜻'을 나타내실
것을 간구합니다.

point *3* 욥은 친구들의 지식의 한계에 대해 반박합니다.

point *4* 이제 욥은 친구들을 더 이상 상대하려 하지 않습니다.

point *5* 욥은 하나님을 피해 도망하는 것이 아니라 하나님 앞에 다
시 섭니다.

가슴속 울음소리
A lamenting heart

 욥기 15~17장

point *1*   욥의 가슴속 깊은 울음소리를 엘리바스는 가슴이 아닌 그의 머리로만 듣습니다.

point *2*   엘리바스는 인과율만을 근거로 '악인'과 '악인의 형벌' 그리고 '악인의 최후'에 대해 말합니다.

point *3*   욥은 자신의 친구들을 '재난을 주는 위로자들'로 정의합니다.

point *4*   욥은 또다시 자신의 절망적인 처지를 확인합니다.

point *5*   욥은 이제 친구들과의 무익한 논쟁에서 벗어나고 싶어 합니다.

오직 소망의 대상

Having sincere hope

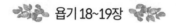 욥기 18~19장

point *1* 빌닷은 시종일관 욥을 과격한 태도로 책망합니다.

point *2* 빌닷이 말하고 있는 악인은 구체적으로 욥을 빗대어 하는 말입니다.

point *3* 욥은 자신에게 고통을 주시는 분이 하나님이시라고 토로합니다.

point *4* 욥은 이제 친구들에게 자신을 불쌍히 여겨달라고 부탁합니다.

point *5* 욥이 바라고 소망할 대상은 오직 하나님뿐입니다.

진실한 사랑이 없는 친구들

Friends who had no real love for Job

욥기 20~21장

point 1 소발은 욥이 지쳐 자신들의 의견을 듣지 않자 몹시 흥분하며 자기의 변론을 또다시 시작합니다.

point 2 소발은 하나님께서 아버지의 죄를 아들에게 갚으신다는 우매한 주장을 폅니다.

point 3 소발은 욥의 재산이 사라진 것이 욥이 악하기 때문에 하나님께서 벌하신 것이라고 노골적으로 이야기합니다.

point 4 욥은 의인이 복을 받고 악인이 고난을 받는다는 친구들의 주장과는 사뭇 다른 현실을 말합니다.

point 5 욥은 악인에게 대한 징계는 보류될 수 있고 의인 역시 악인과 함께 죽음을 경험한다고 말합니다.

하나님을 갈망하는 욥
Job's earning for God

욥기 22~24장

point *1* 엘리바스는 욥이 짓지 않은 죄까지 구체적으로 언급하며
욥을 죄인으로 호도합니다.

point *2* 엘리바스는 욥이 조롱받는 것이 당연하다고 말합니다.

point *3* 욥은 인내하며 침묵하시는 하나님을 바라봅니다.

point *4* 욥은 고난 가운데 하나님의 섭리를 향하여 한 걸음 더 다가
갑니다.

point *5* 욥은 자신이 부자였을 때에 잘 보지 못했던 현실을 체험합
니다.

심판 날을 기다리는 욥
Job's waiting for judgment day

욥기 25~31장

point *1* 빌닷은 욥의 자녀들이 죽게 된 것도 욥의 모든 고난도 욥의 죄악 때문이라고 끝까지 주장합니다.

point *2* 욥은 빌닷의 하나님에 대한 지식이 너무나 제한적이며 단편적이라고 말합니다.

point *3* 욥은 자신의 의로움을 주장하며 하나님의 심판을 기다립니다.

point *4* 욥은 과거 하나님의 복을 받았던 자신의 모습을 회상합니다.

point *5* 욥은 자신의 도덕적, 사회적 그리고 신앙적인 의로움을 주장합니다.

139

하나님과의 대면 임박

Awaiting the days to stand before God

 욥기 32~37장

point *1* 욥의 또 다른 친구 엘리후가 이 논쟁에 뛰어듭니다.

point *2* 엘리후는 피조물인 욥은 하나님께 항변할 권리가 없다고 말합니다.

point *3* 엘리후는 욥이 고통 가운데에서 하나님의 공의를 부정하는 듯했던 언행은 잘못이라고 지적합니다.

point *4* 엘리후는 욥에게 하나님 찬양하기를 잊지 말라고 조언합니다.

point *5* 엘리후에게서도 욥의 현실적 아픔을 공유하기 위해 애쓰는 모습은 찾아보기 어렵습니다.

욥, 하나님의 자랑이 되다

'Job' who became God's pride

욥기 38~42장

point *1* 욥은 성경 전체를 통해 볼 때 하나님께 질문을 가장 많이
받은 사람입니다.

point *2* 하나님께서 욥에게 하신 질문은 창세기 1장의 내용입니다.

point *3* 하나님께서 욥에게 폭포수 같은 질문들을 하신 후에 욥에
게 답변을 요구하십니다.

point *4* 당대의 의인으로 칭송받던 욥도 하나님 앞에 서자 자신의
죄악을 감출 수가 없습니다.

point *5* 욥은 고난을 통해 하늘 보석이 됩니다.

시와 찬미
Song and Praise

 시편 1~2, 4~9편

point *1* 시편 1편은 구약성경 전체의 내용을 압축하고 있습니다.

point *2* 세상을 다스리는 분은 만왕의 왕이신 우리 하나님이십니다.

point *3* 다윗은 "나의 왕, 나의 하나님이여 내가 부르짖는 소리를 들으소서"라고 기도합니다.

point *4* 다윗은 뼈가 떨리고 심지어 영혼까지 떨리고 있다고 고백합니다.

point *5* 다윗은 사람에게 모든 피조물을 다스리는 권한을 주신 하나님을 소리 높여 찬양합니다.

142

오직 주만 나의 복입니다

Only God is my Blessing

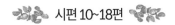 시편 10~18편

point *1* 다윗은 "여호와의 말씀은 흙 도가니에 일곱 번 단련한 은과 같다"라고 고백합니다.

point *2* 다윗은 '주의 장막에 머무를 수 있는 사람'에 대해 말합니다.

point *3* 다윗은 "주밖에 나의 복이 없다"라고 고백합니다.

point *4* 다윗은 "주의 형상으로 만족하겠다"라고 고백합니다.

point *5* 다윗은 "내가 주를 사랑하나이다"라고 신실하게 고백합니다.

율법, 송이꿀보다 달다

The laws - sweeter than honey

시편 19~27편

point *1*   다윗은 율법(모세오경)이 송이꿀보다 달다고 고백합니다.

point *2*   "엘리 엘리 라마 사박다니"라는 말은 처음에는 다윗이, 그
　　　　　리고 1,000년 후에는 예수님께서 외치십니다.

point *3*   다윗은 "여호와는 나의 목자"라고 고백합니다.

point *4*   다윗은 "만군의 여호와께서는 곧 영광의 왕"이시라고 고백
　　　　　합니다.

point *5*   다윗은 "내가 종일 주를 기다리나이다"라고 고백합니다.

노염은 잠깐, 은총은 평생

Anger is temporary, Grace is forever

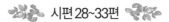 시편 28~33편

point *1*   다윗은 하나님께 "내가 부르짖으오니 내게 귀를 막지 마소
서"라고 간절하게 아룁니다.

point *2*   다윗은 "하나님의 노염은 잠깐이요 하나님의 은총은 평생"
이라고 하나님을 찬양합니다.

point *3*   다윗은 "나의 앞날이 주의 손에 있다"라고 고백합니다.

point *4*   다윗은 "허물의 사함을 받고 그 죄가 가려진 자는 복이 있
다"라고 노래합니다.

point *5*   하나님께서 민족들의 사상을 무효하게 하십니다.

불의를 행하는 자들을 시기하지 말라

Do not envy those who do wicked

시편 35~41편

point *1*   다윗은 하나님께 "나와 싸우는 자와 싸우소서"라고 간구합
니다.

point *2*   다윗은 "불의를 행하는 자들을 시기하지 말라"라고 권고합
니다.

point *3*   다윗은 인생이 "한 뼘 길이만큼 짧다"라고 정의합니다.

point *4*   다윗은 "여호와께서 기가 막힐 웅덩이에서 자신을 들어 올
리신다"라고 감탄합니다.

point *5*   다윗은 "나의 가까운 친구도 나를 대적한다"라고 하나님께
토로합니다.

146

새벽에 하나님이 도우십니다

God who helps at the dawn

 시편 42~50, 53편

point 1 시인은 스스로 "너는 하나님께 소망을 두라"라고 다짐합니다.

point 2 시인은 메시아로 오실 예수님은 "사람들보다 아름다워 은혜를 입술에 머금고 계신다"라고 표현합니다.

point 3 시인은 새벽을 기다리며 "새벽에 하나님이 도우시리로다"라고 기도합니다.

point 4 시인은 "만민들아, 손바닥을 치고 하나님께 외칠지어다"라고 찬양합니다.

point 5 아삽은 "하나님을 잊어버린 너희여, 이제 이를 생각하라"라고 권고합니다.

147

나의 눈물을 주의 병에 담으소서
Pour my tears into your bottle, God

시편 55~56, 58, 60~66편

point *1* 다윗은 "네 짐을 여호와께 맡기라"라고 권면합니다.

point *2* 다윗은 "나의 눈물을 주의 병에 담으소서"라고 기도합니다.

point *3* 다윗은 "하나님 앞에 마음을 토하라"라고 권면합니다.

point *4* 다윗은 "주의 인자하심이 생명보다 낫다"라고 찬양합니다.

point *5* 다윗은 "주의 뜰에 살게 하신 사람은 복이 있다"라고 찬양
합니다.

황소를 드림보다 찬양을

Offering praise than bulls

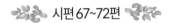

시편 67~72편

point *1* 다윗은 "하나님께서는 고아의 아버지시며 과부의 재판장이시다"라고 하나님을 찬양합니다.

point *2* 다윗은 "하나님께서는 황소를 드리는 것보다 진실한 노래를 기뻐하신다"라고 하나님을 찬양합니다.

point *3* 다윗이 하나님께 "속히 나를 도우소서"라고 간구합니다.

point *4* 다윗은 하나님께서 자신이 "늙어 백발이 될 때에도 버리지 않으실 것"이라고 찬양합니다.

point *5* 솔로몬은 '주의 백성을 공의로 재판하기'를 소망합니다.

성소에 들어갔을 때 깨달은 것

Realization when entering the temple

시편 73~78편

point *1* 아삽은 "하나님의 성소에 들어갔을 때 비로소 악인들의 종말을 깨달았다"라고 노래합니다.

point *2* 아삽은 "하나님께서 땅의 경계를 정하신다"라고 선포합니다.

point *3* 아삽은 "재판장이신 하나님만이 우리를 낮추기도 하시고 높이기도 하신다"라고 하나님을 찬양합니다.

point *4* 아삽은 "지존자의 오른손을 기억하리라"라고 찬양합니다.

point *5* 아삽은 출애굽과 광야 역사를 시와 찬양으로 담아냅니다.

주의 얼굴빛을 비추사
Light from God's face

시편 79~85편

point *1*   아삽은 시편 80편에서 '세 가지 중요한 이미지'를 사용합
        니다.

point *2*   아삽은 "우리의 명절에 나팔을 불지어다"라며 하나님을 찬
        양합니다.

point *3*   아삽은 "세상의 모든 이가 하나님만을 온 세계의 지존자로
        알게 하소서"라며 하나님을 찬양합니다.

point *4*   시인은 "주의 궁정의 한 날이 다른 곳에서의 천 날보다 낫
        다"라고 하나님을 찬양합니다.

point *5*   시인은 "주의 은혜로 포로 된 자들이 돌아오게 되었다"라
        고 고백합니다.

두 손 들고 부르짖습니다

Calling for God with both hands up

시편 86~89편

point *1* 다윗은 하나님께 "종을 구원하소서"라고 간절한 마음으로 간구합니다.

point *2* 시인은 '시온성 예루살렘'을 노래합니다.

point *3* 시인은 '매일 두 손을 들고' 주께 부르짖습니다.

point *4* 시인은 '하나님께서 다윗과 맺으신 언약'을 노래합니다.

point *5* 시인은 하나님께 '다윗과의 언약을 기억하사' 이스라엘을 구원해주시기를 간구합니다.

새 노래로 찬양하라

Singing a new song

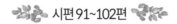

시편 91~102편

point *1* 시인은 어려움 가운데 있는 자에게 "주를 피난처로 삼아 살라"라고 가르쳐줍니다.

point *2* 시인은 '아침에는 주의 인자하심을, 밤에는 주의 성실하심을 베풀어주심에 감사'하며 하나님을 찬양합니다.

point *3* 시인은 "새 노래로 여호와께 노래하라"라고 하나님을 찬양합니다.

point *4* 다윗은 주의 인자하심과 정의로움을 찬양합니다.

point *5* 시인은 "나의 괴로운 날에 주의 얼굴을 내게서 숨기지 마소서"라고 하나님께 간구합니다.

153

내 영혼아 여호와를 송축하라
Praise God, my soul

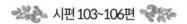

시편 103~106편

point *1*   다윗은 "내 영혼아 여호와를 송축하라"라며 스스로에게 명령합니다.

point *2*   다윗은 "여호와께서 자기를 경외하는 자를 불쌍히 여기신다"라고 고백합니다.

point *3*   시인은 "평생토록 여호와께 노래하겠다"라고 고백합니다.

point *4*   시인은 "여호와는 천 대에 걸쳐 하신 말씀을 영원히 기억하신다"라며 하나님을 찬양합니다.

point *5*   시인은 "여호와의 인자하심이 영원하다"라고 선언합니다.

다윗은 메시아를 노래합니다

David who praised the Messiah

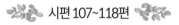 시편 107~118편

point *1* 다윗은 "내가 새벽을 깨우겠다"라고 결단합니다.

point *2* 다윗은 "나는 기도할 뿐이라"라고 고백합니다.

point *3* 다윗은 왕으로 오실 메시아를 노래합니다.

point *4* 시인은 "할렐루야, 여호와의 이름을 찬양하라"라고 외칩니다.

point *5* 시인은 "여호와는 나의 능력"이라고 고백합니다.

나의 명철함이 스승보다, 노인보다

Wisdom better than my teacher, the elderly

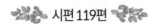 시편 119편

point *1* 시인은 하나님의 말씀을 '다양한 표현'으로 묘사하며 찬양합니다.

point *2* 시인은 "온종일 주의 법을 생각한다"라고 하나님께 아룁니다.

point *3* 시인은 "주의 말씀은 내 발에 등이요"라고 고백합니다.

point *4* 시인은 "온종일 주의 법을 작은 소리로 읊조린다"라고 고백합니다.

point *5* 시인은 성경의 완전성을 선언합니다.

156

하나님의 도움을 찬양
Singing God's praise

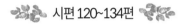 시편 120~134편

point 1 시인은 "나의 도움은 천지를 지으신 여호와에게서로다"라고 고백합니다.

point 2 다윗은 "사람들이 여호와의 집에 함께 올라가자 할 때 기쁘다"라고 고백합니다.

point 3 솔로몬은 "여호와께서 집을 세우지 아니하시면 세우는 자의 수고가 헛되다"라고 고백합니다.

point 4 시인은 "주를 경외하는 가정에 하나님께서 복을 주신다"라고 찬양합니다.

point 5 시인은 "주의 종 다윗을 기억하셔서 주신 약속을 이루어주시라"라고 간청합니다.

157

입술에 파수꾼을
A warden for the lips

시편 135~142편

point *1* 시인은 "주를 기념함이 대대에 이르리이다"라고 고백합니다.

point *2* 다윗은 "여호와는 높이 계셔도 낮은 자를 굽어 살피신다"라고 고백합니다.

point *3* 다윗은 "여호와는 내 혀의 말을 알지 못하시는 것이 하나도 없으시다"라고 하나님을 찬양합니다.

point *4* 다윗은 "주는 나의 하나님이시다"라고 하나님을 찬양합니다.

point *5* 다윗은 "나의 기도가 주의 앞에 분향함과 같이 된다"라고 하나님을 찬양합니다.

158

신앙인 다윗의 찬양

Songs of David the believer

시편 143~150편

point *1* 다윗은 "내 영혼이 마른 땅 같이 주를 사모한다"라며 진심으로 하나님을 갈망합니다.

point *2* 다윗은 "사람이 무엇이기에 주께서 그를 생각하시나이까"라며 하나님께 감사합니다.

point *3* 다윗은 "왕이신 나의 하나님을 송축하리라"라며 하나님을 찬양합니다.

point *4* 시인은 "하나님을 찬양하는 일이 아름답고 마땅하도다"라고 하나님을 간증합니다.

point *5* 시인은 "호흡이 있는 자마다 여호와를 찬양하라"라고 명령합니다.

200년의 남북 분단

Division into south and north for 200 years

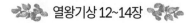

열왕기상 12~14장

point *1* 이스라엘은 솔로몬 사후(死後) 2차 남북 분단이 200년 동안 지속됩니다.

point *2* 이스라엘 남북 분단의 간접 원인은 솔로몬의 후반 통치 방식의 문제였고, 직접 원인은 솔로몬의 아들 르호보암의 어리석은 선택 때문이었습니다.

point *3* 여로보암은 이스라엘 백성들의 요구로 열 지파의 왕이 됩니다.

point *4* 하나님께서는 선지자 스마야를 통해 남북 왕조 간에 전쟁을 막으십니다.

point *5* 여로보암은 '제사장 나라'를 정치 도구화함으로 '여로보암의 길'을 만듭니다.

여로보암의 길
Jeroboam's way

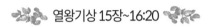
열왕기상 15장~16:20

point *1* 북이스라엘의 초대 왕 여로보암은 재임 22년 동안 다섯 가지 잘못으로 '여로보암의 길'을 만듭니다.

point *2* 남유다는 솔로몬의 손자 아비얌의 통치 기간 3년 동안 북이스라엘과 계속해서 전쟁을 치렀습니다.

point *3* 남유다의 3대 왕 아사는 '신앙 갱신운동'을 펼칩니다.

point *4* 북이스라엘의 2대 왕 나답, 3대 왕 바아사, 그리고 4대 왕 엘라 모두 '여로보암의 길'로 달려갑니다.

point *5* 북이스라엘의 5대 왕 시므리는 겨우 7일간의 왕이었습니다.

161

갈멜산 대결
The battle on Mount Carmel

열왕기상 16:21~17장

point *1* 북이스라엘에서는 계속해서 쿠데타가 발생합니다.

point *2* 북이스라엘 오므리 왕의 권력 사유화는 여로보암 왕을 넘어섰습니다.

point *3* 오므리의 뒤를 이은 북이스라엘의 7대 왕 아합은 최악의 역대급 '우상숭배 시대'를 만듭니다.

point *4* 엘리야 선지자는 까마귀를 벗 삼아 갈멜산 대결을 3년 동안 준비합니다.

point *5* 엘리야 선지자와 사르밧 과부는 순종으로 하나님의 기적을 체험합니다.

162

갈멜산 대결의 결말

The outcome of the battle on Mount Carmel

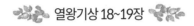

열왕기상 18~19장

point *1* 북이스라엘은 3년 동안 가뭄이 계속되자 엘리야와 아합이 논쟁을 벌입니다.

point *2* 엘리야는 아론의 첫 제사 방식으로 갈멜산 대결을 제안합니다.

point *3* 이세벨은 공개적으로 엘리야에게 자객을 보냅니다.

point *4* 모세는 애굽 왕 바로를 피해, 엘리야는 이세벨의 자객을 피해 광야로 도망했습니다.

point *5* 엘리야는 호렙산에서 엘리사와 7,000명에게 전달할 제사장 나라 사명을 부여받습니다.

이세벨, 율법 악용으로 나봇 살해

Jezebel's abuse of the laws to kill Naboth

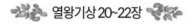

열왕기상 20~22장

point 1 아합은 아람과의 전쟁에서 승리하게 하신 하나님을 깨닫지 못합니다.

point 2 이세벨은 제사장 나라의 토지법을 지킨 나봇을 제사장 나라 법을 악용해 누명을 씌워 죽입니다.

point 3 하나님께서는 우리아 사건 이후 나단을 다윗에게 보내셨던 것처럼 나봇 사건 이후 엘리야를 아합에게 보내십니다.

point 4 아합은 아람과의 전쟁에서 잘못 쏜 화살에 맞아 죽습니다.

point 5 남유다 네 번째 왕 여호사밧은 '다윗의 길'로 나아가며 신앙 갱신운동을 펼칩니다.

엘리야에서 엘리사로
From Elijah to Elisha

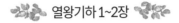 열왕기하 1~2장

point *1* 북이스라엘의 왕위는 아합에게서 아하시야에게로, 북이스라엘의 선지자는 엘리야에게서 엘리사에게로 이어집니다.

point *2* 엘리야는 아하시야의 죽음을 예언함으로 오므리 왕조의 종말을 다시 한번 선언합니다.

point *3* 아하시야 왕은 엘리야를 체포하기 위해 세 차례나 군대를 보냅니다.

point *4* 불같은 인생을 산 엘리야는 불수레를 타고 승천합니다.

point *5* 엘리야가 전반전 선수였다면 엘리사는 후반전 선수로 바통을 이어받습니다.

엘리사의 기적들의 의미
The meaning behind Elisha's miracles

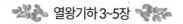 **열왕기하 3~5장**

point *1* 엘리야의 뒤를 이은 엘리사는 제자 양성으로 다가올 사역을 준비합니다.

point *2* 남유다의 여호사밧 왕은 북이스라엘의 선지자 엘리사를 찾아가 도움을 구합니다.

point *3* 엘리사의 기적은 당시 하나님의 선지자로 헌신한다는 것이 얼마나 힘든 역경의 길인지 보여줍니다.

point *4* 아람의 나아만 장군은 엘리사와 종들의 도움으로 하나님의 기적을 체험하게 됩니다.

point *5* 롯의 아내, 아간, 게하시는 시대의 숲을 보지 못했습니다.

하나님의 기적

God's miracle

열왕기하 6~8장

point *1*   엘리사는 선지자 제자들과 함께 제사장 나라 선지 학교를
세워갑니다.

point *2*   하나님께서 기적으로 북이스라엘을 아람의 침략에서 구해
주십니다.

point *3*   제사장 나라 사명과 멀어진 사마리아성은 〈레위기〉의 기
록대로 처벌을 받습니다.

point *4*   하나님께서는 엘리사를 통해 사마리아성에 다시 한번 기
회를 주십니다.

point *5*   엘리사는 엘리야로부터 받은 사명을 위해 아람에 갑니다.

예후의 1, 2차 종교개혁

Jehu's 1st and 2nd religious reformations

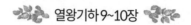 열왕기하 9~10장

point *1* 엘리사 선지자의 제자에 의해 예후가 북이스라엘의 왕으로 기름 부음을 받습니다.

point *2* 예후가 북이스라엘의 10대 왕으로 등장합니다.

point *3* 예후의 제1 종교개혁은 아합 왕가의 척결입니다.

point *4* 예후의 제2 종교개혁은 바알 숭배자의 척결입니다.

point *5* 그러나 예후의 종교개혁은 안타깝게도 '여로보암의 길'에서 멈추고 맙니다.

아모스, 호세아, 요나의 역사적 배경
Amos, Hosea, and Jonah's historical context

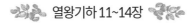 열왕기하 11~14장

point *1*　제사장 여호야다 부부는 남유다에서 '다윗의 길'의 정통성을 지켜냅니다.

point *2*　제사장 여호야다가 요아스 왕을 도와 남유다에 제사장 나라 신앙 갱신운동을 일으킵니다.

point *3*　북이스라엘의 오므리 왕조를 끝내고 예후 왕조를 이끌었던 엘리사 선지자가 죽습니다.

point *4*　남유다 9대 왕 아마샤가 북이스라엘 12대 왕 요아스에게 포로로 잡혀갑니다.

point *5*　북이스라엘 13대 왕 여로보암 2세 때의 풍요는 아모스, 호세아, 요나의 역사적 배경이 됩니다.

아모스 선지자의 공의

Amos' justice

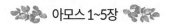

아모스 1~5장

point *1* 하나님께서는 북이스라엘을 제사장 나라로 고치시려고 엘리야, 엘리사에 이어 아모스 선지자를 보내십니다.

point *2* 하나님께서는 '모든 민족'을 다스리시며 역사를 주관하시는 살아 계신 하나님이십니다.

point *3* 하나님께서는 아모스를 통해 북이스라엘의 수도 사마리아의 악행들을 구체적으로 드러내십니다.

point *4* 하나님께서는 사마리아성의 상류층 사람들의 죄악을 지적하십니다.

point *5* 아모스는 심판의 날인 '여호와의 날'을 선포하며 회개를 촉구합니다.

아모스의 환상
The vision of Amos

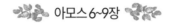 아모스 6~9장

point *1* 아모스는 북이스라엘의 멸망을 선포합니다.

point *2* 아모스는 다섯 가지 환상을 통해 북이스라엘의 멸망과 그 이후를 예언합니다.

point *3* 아모스 선지자와 벧엘의 제사장 아마샤가 대립합니다.

point *4* 아모스의 네 번째 환상은 심판의 임박이며, 다섯 번째 환상은 성전의 파괴입니다.

point *5* 아모스는 영원한 하나님 나라를 다섯 가지로 약속합니다.

호세아 선지자의 타는 마음

Hosea's burning heart

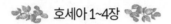 호세아 1~4장

point *1*   호세아는 사명의 줄을 200년 동안이나 놓아버린 북이스라엘을 향해 마지막으로 호소합니다.

point *2*   호세아는 음란한 여인 고멜과 결혼하라는 하나님의 말씀에 순종합니다.

point *3*   하나님께서는 북이스라엘이 하나님께로 다시 돌아오기를 간절히 바라며 회개를 촉구하십니다.

point *4*   배신한 아내를 위해 값을 지불하고 다시 아내를 찾아온 호세아의 타는 가슴은 하나님의 마음 표현입니다.

point *5*   북이스라엘을 향한 호세아 선지자의 아홉 편의 설교가 선포됩니다.

호세아의 선언
Hosea's cry

호세아 5~9장

point 1   호세아는 북이스라엘의 제사장들과 왕족들, 그리고 백성들에게 하나님에 대한 지식이 없어 망하는 것이라고 외칩니다.

point 2   호세아는 "우리가 여호와를 힘써 알자"라고 호소합니다.

point 3   호세아는 북이스라엘의 내부적 타락과 외부적 타락을 지적합니다.

point 4   호세아는 '여로보암의 길'로 200년을 달려온 북이스라엘에게 앞으로 강대국을 의지해도, 어떤 제사를 드려도 소용없다고 선언합니다.

point 5   호세아는 이제 북이스라엘이 제사장 나라 법에 따라 〈레위기〉의 3단계 처벌인 '포로 징계'를 받을 것이라고 선언합니다.

불붙는 긍휼, 십자가 예고

Burning mercy, trailer for the cross

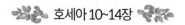
호세아 10~14장

point 1 제사장 나라 이스라엘을 향한 하나님의 사랑은 언제나 한결
같았으나, 안타깝게도 북이스라엘은 두 마음을 품었습니다.

point 2 북이스라엘을 향한 하나님의 끝없는 사랑의 줄은 결국 하
나님의 긍휼의 집대성인 십자가 예고로 꽃을 피웁니다.

point 3 북이스라엘은 끝내 하나님께 회개하지 않고 강대국을 의
지하여 정치적 동맹과 조공으로 나라의 위기를 해결하려
고 합니다.

point 4 호세아 선지자는 북이스라엘이 멸망하는 근본 원인이 우
상숭배임을 단언합니다.

point 5 호세아의 마지막 외침은 "회개하는 자에게 복을 주신다"라
는 것입니다.

불순종한 요나? - 열방을 향한 사랑

Disobedient Jonah? - Love for all nations

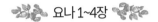 요나 1~4장

point *1* 〈요나〉는 열방을 향한 하나님의 마음입니다.

point *2* 요나의 물고기 뱃속 3일은 3일 만에 부활하신 예수님 이야기와 연결됩니다.

point *3* 요나는 앗수르의 큰 성읍 니느웨에서 하나님의 긍휼을 체험합니다.

point *4* 요나는 모든 민족이나 열방을 향한 하나님의 마음에는 관심이 크지 않았습니다.

point *5* 요나의 기록은 열방을 향한 하나님의 마음에 대한 진정한 순종이었습니다.

175

앗수르 제국 등장
Appearance of the Assyrian empire

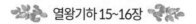
열왕기하 15~16장

point 1 남유다 10대 왕 웃시야는 스가랴 선지자의 도움으로 안정적인 시기를 보냅니다.

point 2 북이스라엘은 숨 쉴 틈 없이 내부 쿠데타가 계속됩니다.

point 3 북이스라엘 베가 왕은 아람 왕 르신과 연합하여 반앗수르 동맹을 시작합니다.

point 4 남유다 12대 왕 아하스는 아람과 북이스라엘 연합군의 위협을 앗수르 동맹으로 대응합니다.

point 5 이사야는 아하스 왕에게 앗수르의 등장을 하나님의 제사장 나라 경영이라고 말합니다.

800년 사마리아인 시작

The start of the 800-year Samaritans

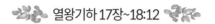

열왕기하 17장~18:12

point *1* 200년을 달려온 북이스라엘의 '여로보암의 길'은 B.C.8세기 앗수르 제국의 등장으로 끝이 납니다.

point *2* 북이스라엘이 멸망한 이유는 제사장 나라 사명을 향한 선지자들의 마지막 호소까지 외면했기 때문입니다.

point *3* 북이스라엘 열 지파는 제사장 나라 법에 따라 〈레위기〉에 기록된 3단계 징계를 받아 결국 약속의 땅에서 쫓겨나 흩어지게 됩니다.

point *4* 앗수르 제국의 민족 경계 허물기로 인한 사마리아의 아픔은 800년 후 하나님 나라의 예수 십자가로 회복됩니다.

point *5* 남유다의 히스기야 왕은 북이스라엘의 멸망을 경험하며 제사장 나라 '다윗의 길'로 나아갑니다.

이사야, 국제 관계를 다루다

Isaiah, handling international relations

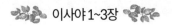 이사야 1~3장

point *1*   하나님께서는 이스라엘의 '왕정 500년'에 대해 3단계 평가
를 내리십니다.

point *2*   하나님의 세계 경영은 이스라엘을 승하게도 하시고 패하
게도 하십니다.

point *3*   북이스라엘이 멸망할 때 이사야는 남유다 선지자로 부름
을 받습니다.

point *4*   이사야 선지자는 '하나님의 나라'가 임할 것을 예언합니다.

point *5*   이사야는 남유다를 죄악으로 이끈 지도자들의 타락을 지
적합니다.

178

이사야의 충고, 동맹하지 말라
Isaiah's warning, do not make alliances

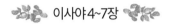
이사야 4~7장

point *1*　이사야 선지자는 '남은 자'들에게는 회복이 있고 그들에게 주의 영광이 머물 것이라고 예언합니다.

point *2*　이사야 선지자는 하나님을 '포도원의 주인'이라고 비유를 들어 말합니다.

point *3*　이사야 선지자는 성전에서 환상을 보며 소명을 받습니다.

point *4*　이사야 선지자는 아하스 왕에게 "동맹하지 말라"라고 충고합니다.

point *5*　하나님께서는 이사야에게 북이스라엘과 아람 동맹의 실패를 미리 알려주십니다.

가까운 미래와 먼 미래

Near and far future

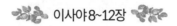

이사야8~12장

point *1* 하나님께서는 이사야와 하박국 선지자에게 글을 서판에 기록하게 하십니다.

point *2* 하나님께서는 선지자들을 통해 가까운 미래와 먼 미래를 묶어서 말씀하십니다.

point *3* 앗수르 제국은 하나님의 진노의 막대기입니다.

point *4* 이사야 11장 1절과 마태복음 1장 1절은 밀접하게 연결되어 있습니다.

point *5* 이사야 선지자는 훗날에 하나님께 드릴 노래를 미리 불러 봅니다.

'모든 민족'을 향한 하나님의 경고
God's warning about 'All Nations'

이사야 13~17장

point *1*   '모든 민족'에 대한 하나님의 경고는 아모스와 이사야 선지자에 이어 예레미야와 에스겔 선지자를 통해서도 계속됩니다.

point *2*   하나님께서는 바벨론과 앗수르 그리고 블레셋에 대해 심판을 선언하십니다.

point *3*   이사야 선지자는 이스라엘의 형제 나라인 모압의 멸망을 애통해합니다.

point *4*   아브라함의 조카 롯의 후손인 모압은 여전히 교만한 목을 치켜들고 있습니다.

point *5*   이사야 선지자는 아람과 북이스라엘의 멸망을 다시 한번 강조합니다.

이사야 선지자의 3년 퍼포먼스
Isaiah's three-year performance

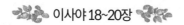 이사야 18~20장

point *1*   하나님께서는 남유다에게 이사야 선지자의 퍼포먼스를 통해 애굽이나 구스가 아닌 하나님을 의지하라고 말씀하십니다.

point *2*   아하스는 친앗수르 정책을, 그의 아들 히스기야는 반앗수르 정책을 위해 구스와 동맹을 원합니다.

point *3*   애굽과 동맹을 원하는 히스기야 왕에게 하나님께서는 오히려 애굽이 망할 것이라고 말씀하십니다.

point *4*   이사야 선지자는 남유다와 애굽의 동맹을 막기 위해 3년간 벗은 몸과 벗은 발로 다니며 스스로 증표와 예표가 됩니다.

point *5*   이사야 선지자는 히스기야 왕의 '자주국방'과 '애굽 동맹' 정치를 비판합니다.

/82

환상의 골짜기에 관한 경고

Warning about the Fantastic Valley Jerusalem

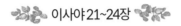 이사야21~24장

point 1 이사야 선지자를 통한 남유다 주변 국가들의 심판 예언이 계속 이어집니다.

point 2 환상의 골짜기에 대한 하나님의 경고는 예루살렘이 군국 주의화 되는 것에 대한 경고입니다.

point 3 하나님께서는 남유다 최고 권력자들의 잘못에 대해 책망 하십니다.

point 4 하나님께서는 두로가 멸망할 것이라고 말씀하십니다.

point 5 남유다를 포함해 세상의 어느 나라도 하나님의 심판에서 는 예외가 없습니다.

이사야의 찬양
Isaiah's praises

이사야 25~29장

point 1   이사야 선지자가 하나님을 찬양합니다.

point 2   심지가 견고한 자가 구원의 성읍에 들어갑니다.

point 3   하나님께서는 흩어졌던 하나님의 백성들이 돌아와 마침내 예배하게 될 것을 말씀하십니다.

point 4   하나님께서는 농부의 비유를 통해 택한 백성들을 구원하려는 뜻을 드러내십니다.

point 5   하나님께서는 남유다의 잘못된 대외 정책, 애굽 동맹을 책망하십니다.

메시아의 나라 예언
Messiah's kingdom prophecy

이사야 30~35장

point *1*　남유다의 히스기야 왕은 이사야 선지자의 3년간의 퍼포먼스에도 불구하고 끝내 애굽과 동맹을 맺습니다.

point *2*　이사야 선지자는 마침내 회복될 메시아의 나라를 예언합니다.

point *3*　이사야 선지자는 제사장 나라 백성들을 구해달라고 하나님께 간절히 기도합니다.

point *4*　하나님께서는 형제 나라 에돔이 남유다를 돕지 않고 해를 입힌 것에 대해 멸망을 선포하십니다.

point *5*　이사야 선지자는 영원한 평화가 있는 하나님의 나라를 찬양합니다.

히스기야의 선택

Hezekiah's choice

🌿 열왕기하 18:13~37, 이사야 36장 🌿

point *1*   선지자들은 남유다가 주변 나라들과 군사적인 동맹을 맺으면 제사장 나라를 세워갈 수 없다고 주장했습니다.

point *2*   히스기야 왕은 앗수르 산헤립 왕의 1차 침입에 예루살렘 성전 기둥의 금을 벗겨 바칩니다.

point *3*   앗수르 왕 산헤립은 성전 기둥에서 벗긴 금을 받고서도 예루살렘성을 사마리아성처럼 포위 공격합니다.

point *4*   앗수르의 장수 랍사게는 하나님에 대한 무지로 감히 하나님을 모욕합니다.

point *5*   히스기야 왕은 앗수르 제국의 장수 랍사게의 비웃음에 침묵하라고 명령합니다.

히스기야, 성전에서 승리하다!

Hezekiah, victory in the temple?

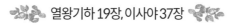 열왕기하 19장, 이사야 37장

point *1*　열왕기하 19장과 이사야 37장은 '같은 시대', '같은 기록'입니다.

point *2*　히스기야 왕은 제국주의의 본질을 뒤늦게 겨우 깨닫고 제사장 나라를 목숨 걸고 선택합니다.

point *3*　앗수르 왕 산헤립의 항복하라는 최후통첩의 글을 들고 히스기야 왕은 성 밖으로 나가지 않고 예루살렘 성전 안으로 기도하러 들어갑니다.

point *4*　하나님께서는 히스기야 왕의 기도를 들으시고 이사야 선지자를 통해 응답해주십니다.

point *5*　앗수르 군대 18만 5천 명의 죽음은 《성경》과 헤로도토스의 《역사》에 기록되어 있습니다.

187

히스기야, 통곡 기도로 병이 낫다
Hezekiah restored from his disease

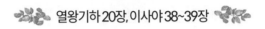

열왕기하 20장, 이사야 38~39장

point *1* 히스기야 왕은 하나님께 한 번은 나라를 구하는 기도를, 또 한 번은 자신의 병 낫기를 구하는 기도를 드립니다.

point *2* 아하스 왕은 징조를 구하지 않았지만, 히스기야 왕은 징조를 구합니다.

point *3* 히스기야 왕은 앗수르 왕의 편지를 받았을 때는 하나님 앞에서 겸손했으나 바벨론 왕에게서 편지와 예물을 받고서는 사람들 앞에서 교만합니다.

point *4* 다윗 왕은 두로 왕 히람의 사절단을 보고 하나님을 높였고, 히스기야 왕은 바벨론 왕의 사절단을 보고 자신을 자랑합니다.

point *5* 히스기야 왕은 이사야 선지자와의 대화를 통해 자신의 잘못을 깨닫게 됩니다.

188

나의 벗 아브라함

God's friend Abraham

이사야 40~42장

point *1* 이사야는 먼 미래에 등장할 선지자 세례 요한을 예고합니다.

point *2* 이사야 선지자는 남유다 백성들에게 오직 하나님만을 앙망하라고 외칩니다.

point *3* 하나님께서는 이사야 선지자를 통해 아브라함을 "나의 벗 아브라함"이라고 칭하십니다.

point *4* 이사야의 기록을 통해 성경 전체가 예수 그리스도에 관한 이야기, '원 스토리(One Story)'라는 것을 알게 됩니다.

point *5* 이사야 선지자는 세상 모든 사람에게 모든 영광과 찬송을 하나님께 돌리라고 선포합니다.

하나님의 증인
Witness of God

이사야 43~45장

point *1* 이사야 선지자는 하나님만이 유일한 구원자이시며 남유다는 하나님의 증인이라고 말합니다.

point *2* 하나님의 새 일은 하나님의 백성들이 하나님을 찬양하는 것입니다.

point *3* 하나님께서는 제사장 나라 남유다에게 우상에게서 돌이켜 하나님께로 돌아올 것을 촉구합니다.

point *4* 하나님께서는 앗수르, 바벨론, 페르시아 제국을 '제사장 나라 경영 도구'로 순차적으로 사용하십니다.

point *5* 하나님께서는 온 세계가 하나님의 주권 속에 있음을 알게 하기 위해 페르시아 제국의 고레스 왕을 들어 사용하십니다.

메시아의 오심과 구원

The coming and saving of the Messiah

 이사야 46~50장

point 1 하나님께서는 역사를 되짚으시며 우상을 섬기는 남유다 백
성들에게 '나 외에 다른 이'가 있느냐고 거듭 질문하십니다.

point 2 바벨론은 하나님의 '심판의 도구'에서 하나님의 '심판의 대
상'이 됩니다.

point 3 하나님께서는 하나님의 영광을 위해 남유다를 연단하신
후 그들을 구원하실 것입니다.

point 4 이사야 선지자는 메시아의 오심과 구원을 찬양합니다.

point 5 이사야 선지자는 "주께서 학자들의 혀를 내게 주사 나로 곤
고한 자를 어떻게 도와줄 줄을 알게 하실 것"이라고 찬양합
니다.

고난받는 메시아의 청사진

Blueprint of the suffering Messiah

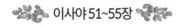
이사야 51~55장

point *1* 하나님께서는 아브라함을 보호했던 것처럼 남유다를 보호할 것이라고 말씀하십니다.

point *2* 시온성은 궁극적으로 하나님께서 통치하시는 '거룩한 성새 예루살렘'이 될 것입니다.

point *3* 메시아 이야기는 하나님의 영광과 평화의 청사진입니다.

point *4* 하나님의 구원 계획은 남유다 백성들이 바벨론 포로에서 다시 귀환하는 것이며 궁극적으로는 이 땅에 메시아를 보내주시는 것입니다.

point *5* 하나님께서는 메시아이신 예수님을 통해 세계 만민을 초대하실 것입니다.

하나님의 성전
God's temple

 이사야 56~59장

point 1   하나님께서는 온 세상 만민에게 구원의 문이 열려 있음과 성전은 만민이 기도하는 집임을 알려주십니다.

point 2   하나님께서는 남유다의 부패와 우상숭배에 대해 책망하십니다.

point 3   하나님께서 기뻐하시는 '금식'에 대해 말씀하십니다.

point 4   하나님께서는 안식일을 소중히 여기는 자에게 물 댄 동산 같게 해주겠다고 말씀하십니다.

point 5   하나님의 공의와 하나님의 사랑은 함께 갑니다.

193

하나님의 열심
God's efforts

이사야 60~63장

point *1* 하나님께서는 영광스럽게 회복될 예루살렘에 대해 말씀하십니다.

point *2* 이사야는 메시아 예수님이 이 땅에 오실 것을 예언합니다.

point *3* 메시아의 사역으로 '모든 민족'을 위한 제사장 나라는 하나님 나라로 수렴되어 완성될 것입니다.

point *4* 하나님께서는 예루살렘을 '헵시바와 뿔라'로 부르십니다.

point *5* 이사야 선지자는 남유다 백성들을 위한 중보기도를 쉬지 않습니다.

영광과 평화의 청사진
Glory and peace

이사야 64~66장

point 1 이사야 선지자는 "주는 우리 아버지시며 토기장이시라"라고 하나님을 찬양합니다.

point 2 이사야 선지자의 중보기도에 대한 하나님의 응답은 '남은 자를 보호하시겠다'는 것입니다.

point 3 〈이사야〉와 〈요한계시록〉은 새 하늘과 새 땅을 말합니다.

point 4 하나님께서는 외식하며 예배드리는 자들을 책망하십니다.

point 5 하나님의 최후 심판 후 '남은 자'들이 돌아와 제사장과 레위인이 될 것입니다.

영광이 빠져버린 두 도시

Lost glory of two cities

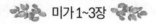

미가 1~3장

point *1*　미가와 이사야는 남유다에서 동시대에 활동한 선지자들이었습니다.

point *2*　미가 선지자는 두 도시, 즉 북이스라엘의 수도 사마리아와 남유다의 수도 예루살렘의 죄악을 통렬히 비판합니다.

point *3*　미가 선지자는 도시 권력자들의 대표적인 악행을 지적합니다.

point *4*　미가 선지자는 거짓 선지자, 제사장, 우두머리들의 죄악을 지적합니다.

point *5*　미가 선지자는 "시온을 피로, 예루살렘을 죄악으로 건축한다"라고 비판합니다.

영광이 회복될 시온 산성

Zion restored of Glory

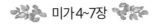
미가 4~7장

point *1* 미가 선지자는 메시아의 나라에서 펼쳐질 놀라운 계획을
선포합니다.

point *2* 미가 선지자의 기록을 통해 이후 동방박사들이 예수님의
탄생 장소를 알게 됩니다.

point *3* 메시아는 전쟁과 우상숭배에 관한 것들을 제거하심으로
온 세상을 정결하게 하실 것입니다.

point *4* 미가 선지자는 남유다 백성들의 불의를 구체적으로 지적
합니다.

point *5* 미가 선지자는 "주와 같은 신이 어디 있으리이까"라며 하
나님을 찬양합니다.

왕정 총결산
Final evaluation of monarchy

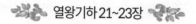 열왕기하 21~23장

point *1* 므낫세가 왕이 되어 남유다를 통치할 때 하나님께서 사무엘을 통해 경고하셨던 '왕정의 폐해'가 가장 명확하게 드러납니다.

point *2* 므낫세 왕은 다윗 왕이나 히스기야 왕이 아닌 200년 전 북이스라엘 아합 왕의 뒤를 따릅니다.

point *3* 요시야 왕은 아버지 아몬과 할아버지 므낫세가 아닌 '하나님의 사람 다윗 왕'을 온전히 본받습니다.

point *4* 요시야 왕은 '모세의 모든 율법'을 빠짐없이 살펴 제사장 나라의 꿈을 꿉니다.

point *5* 요시야 왕의 죽음으로 500년 왕정 총결산의 서막이 시작됩니다.

스바냐의 렘넌트 이야기

Zephaniah's story of remnant

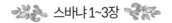

스바냐 1~3장

point *1* 하나님께서는 스바냐 선지자를 통해 '여호와의 날'을 선포
하십니다.

point *2* 여호와의 규례를 지키는 세상의 모든 겸손한 자가 '남은
자, 렘넌트(remnant)'입니다.

point *3* 하나님께서는 스바냐 선지자를 통해 남유다 주변 국가들
에 대한 심판을 선포하십니다.

point *4* 하나님께서는 패역하고 더러운 곳으로 변해버린 예루살렘
을 향하여 심판을 선언하십니다.

point *5* 하나님의 계명을 지키며 끝까지 인내하는 남은 자들로 인
해 하나님께서는 기쁨을 이기지 못하십니다.

하박국의 믿음 노래
Habakkuk's song of faith

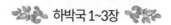

하박국 1~3장

point *1* 하박국 선지자의 첫 번째 질문은 "공의의 하나님께서 왜 남 유다의 불의를 심판하지 않으시는가?"입니다.

point *2* 하박국 선지자의 두 번째 질문은 "공의의 하나님께서 왜 남 유다의 심판을 더 악하고 무자비한 바벨론 제국에 맡기시 는가?"입니다.

point *3* 하나님께서는 심판의 도구인 바벨론 제국이 심판의 대상 이 될 수밖에 없는 이유를 말씀하십니다.

point *4* 하박국 선지자는 남유다를 향한 징계와 바벨론을 향한 심 판이 속히 이루어지기를 간구합니다.

point *5* 하박국 선지자는 남유다가 심판을 받은 후 다시 얻게 될 회 복의 구원을 찬양합니다.

나훔과 요나의 앗수르

Nahum and Jonah's Assyria

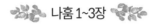

나훔 1~3장

point *1*   요나 선지자와 나훔 선지자는 모두 앗수르에 하나님의 말씀을 선포한 선지자들입니다.

point *2*   나훔 선지자는 니느웨가 물로 진멸될 것이라고 예언합니다.

point *3*   나훔 선지자는 니느웨가 공허하고 황폐하게 될 것이라고 예언합니다.

point *4*   나훔 선지자는 니느웨가 '피의 도시'이기 때문에 멸망할 것이라고 예언합니다.

point *5*   앗수르 제국의 왕들은 스스로 잔인함을 자랑했습니다.

요엘 선지자의 꿈과 이상
Joel's dream and vision

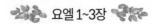
요엘 1~3장

point *1* 하나님께서는 요엘 선지자를 통해 남유다의 혹독한 '환난의 날'이 될 '여호와의 날'을 선포하십니다.

point *2* 요엘 선지자는 '여호와의 날'을 생각하며 먼저 스스로 부르짖고 하나님께 기도합니다.

point *3* 요엘 선지자는 누구도 피할 수 없는 '여호와의 날'에 옷을 찢지 말고 마음을 찢으라고 선포합니다.

point *4* 요엘 선지자를 통해 주신 "누구든지 여호와의 이름을 부르는 자는 구원을 얻으리라"라는 말씀은 이후에 베드로와 사도 바울이 인용합니다.

point *5* 이방 민족들에 대한 하나님의 심판은 온 세계를 향한 하나님의 세계 경영이자 동시에 '모든 민족'을 위한 하나님의 사랑입니다.

제국과 선지자 예레미야

Jeremiah: the prophet amidst the empire

 열왕기하 24장, 예레미야 1~3장

point *1* 하나님께서는 예레미야 선지자를 통해 '왕정 500년'에 대한 총평가를 하십니다.

point *2* 열왕기하 24장과 예레미야 1장에서 38장까지는 통(通)으로 공부해야 합니다.

point *3* 예레미야 선지자는 '바벨론 포로 70년'의 의미를 큰 그림으로 그립니다.

point *4* 하나님께서는 남유다 백성들의 죄악을 구체적으로 지적하십니다.

point *5* 하나님께서는 북이스라엘의 죄악을 그대로 따라 하는 남유다를 책망하십니다.

단 한 사람을 찾으시는 하나님

God who seeks one person

 예레미야 4~6장

point *1* 하나님께서 예레미야를 통해 "묵은 땅을 갈고 가시덤불에
파종하지 말라"라고 말씀하십니다.

point *2* 예레미야 선지자는 남유다의 죄로 인해 "슬프고 마음이 아
프다"라며 하나님의 마음으로 탄식합니다.

point *3* 하나님께서 남유다를 심판하시는 이유는 '공의를 행하며
진리를 구하는 단 한 사람'을 찾을 수 없기 때문입니다.

point *4* 하나님께서는 제사장 나라 남유다가 심판받는 이유를 거짓
선지자들과 제사장들의 악행 때문이라고 말씀하십니다.

point *5* 하나님께서는 선지자들로부터 제사장들까지 모두 거짓으
로 평강을 외치며 부끄러워하지 않는다고 한탄하십니다.

우상숭배와 성전 예배
Idolatry and temple worship

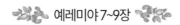 예레미야 7~9장

point *1* 남유다 백성들은 우상을 숭배하며 성전에서는 예배 의식만 행하면 된다고 생각했습니다.

point *2* 하나님께서는 예레미야 선지자에게 남유다를 위해 중보기도조차 하지 말라고 말씀하십니다.

point *3* 하나님께서는 우상숭배로 인한 멸망의 고통이 얼마나 극심할지를 말씀해주십니다.

point *4* 예레미야 선지자는 회개할 줄 모르는 남유다 백성들을 대신하여 자신의 마음을 찢으며 슬픈 애가를 부릅니다.

point *5* 남유다를 향한 하나님의 결정은 '연단'입니다.

예레미야의 중보기도

Jeremiah's prayer for the people

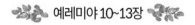

예레미야 10~13장

point *1*　하나님께서는 남유다 백성들에게 우상의 헛됨을 자세히 가르치십니다.

point *2*　예레미야 선지자는 남유다를 향한 하나님의 진노 앞에 또 다시 중보기도를 합니다.

point *3*　하나님께서 남유다 백성들에게 '제사장 나라 언약'을 상기 시키십니다.

point *4*　예레미야 선지자도 하박국 선지자처럼 하나님께 질문합니다.

point *5*　하나님께서는 남유다의 교만을 베 띠가 썩는 비유를 통해 보여주십니다.

모세와 사무엘의 중보기도라 할지라도!

Even if Moses and Samuel prayed for you!

예레미야 14~16장

point *1* 예레미야 선지자는 남유다를 위해 두 번, 세 번 계속해서
제사장 나라 언약을 앞세워 하나님께 중보기도를 합니다.

point *2* 예레미야의 중보기도에 대한 하나님의 응답은 "모세와 사
무엘조차도 하나님의 결정을 번복할 수 없다"입니다.

point *3* 하나님께서 실의에 빠진 예레미야에게 용기를 주시며 다
시 담대하게 하십니다.

point *4* 하나님께서는 남유다의 멸망을 선포해야 하는 예레미야
선지자에게 세 가지를 금지시키십니다.

point *5* 하나님의 심판은 그동안 남유다가 저지른 죄악 때문입니다.

남유다의 죄악들
The sins of south Judah

예레미야 17~20장

point *1* 하나님께서는 남유다의 죄에 대해서 금강석 끝 철필로 기록되었다고 말씀하십니다.

point *2* 안식일에 짐을 지고 예루살렘 성문으로 들어오면 하나님께서 성문에 불을 놓아 예루살렘 궁전을 사르게 하겠다고 말씀하십니다.

point *3* 예레미야 선지자도 이사야 선지자처럼 토기장이 비유를 통해 남유다를 가르칩니다.

point *4* 토기장이의 옹기를 깨뜨리는 예레미야의 퍼포먼스를 통해 하나님께서는 남유다의 멸망을 확정하십니다.

point *5* 예루살렘 성전의 제사장 바스훌은 예레미야 선지자를 때리고 나무 고랑을 씌웁니다.

208

거짓 선지자들을 향한 진노
Punishment against false prophets

예레미야 21~23장

point *1*   시드기야 왕은 예레미야 선지자에게 '혹시나 하는 마음'으로 하나님의 기적을 바라며 기도를 부탁합니다.

point *2*   예레미야 선지자를 통한 하나님의 대답은 "예루살렘을 위한 기적이 아닌 여호와의 분노의 불을 끌 자가 없으리라"라는 것입니다.

point *3*   하나님께서는 남유다가 더 이상 왕정을 이어가지 못할 것이라고 선언하십니다.

point *4*   하나님께서는 남유다의 심판과 궁극적으로 도래하게 될 메시아의 나라에 대해 말씀하십니다.

point *5*   하나님께서는 거짓 선지자들을 향한 진노를 말씀하십니다.

209

극상품 무화과 열매 프로젝트

Good figs project

예레미야 24~25장

point 1 하나님께서 예레미야에게 '극상품 무화과 열매 만들기 프로젝트'를 본격적으로 말씀하십니다.

point 2 시드기야 왕을 비롯한 바벨론에 항복하지 않은 자들과 애굽으로 도망한 자들은 나쁜 무화과와 같이 될 것입니다.

point 3 남유다는 예레미야 선지자를 통한 지난 23년간의 하나님의 말씀에 끝까지 귀 기울이지 않았습니다.

point 4 하나님께서 내 종 바벨론의 느부갓네살을 불러다가 모든 나라를 심판한다고 말씀하십니다.

point 5 하나님께서는 70년 후에 바벨론 제국을 처벌할 것이라고 미리 말씀하십니다.

예레미야의 '줄과 멍에' 퍼포먼스

Jeremiah's rope and yoke performance

 예레미야 26~28장

point *1*   하나님께서는 예레미야 선지자에게 예루살렘 성전 뜰에서 하나님의 공개 메시지를 전하게 하십니다.

point *2*   예레미야 선지자는 시드기야 왕이 주재한 '6개국 동맹' 국제회의장에서 '줄과 멍에' 퍼포먼스를 시행합니다.

point *3*   예레미야 선지자는 시드기야 왕에게 바벨론 왕에게 항복하고 거짓 선지자들의 말은 듣지 말라고 권고합니다.

point *4*   예루살렘 국제회의가 무산되자 시드기야 왕은 거짓 선지자 하나냐를 주 강사로 세워 '구국 성회'를 개최합니다.

point *5*   예레미야 선지자는 바벨론 포로 기간이 2년이라고 주장하는 하나냐에게 올해 죽을 것이라고 예언합니다.

'새 언약', 구약과 신약의 징검다리

The New Covenant: the bridge between the Old and New Testament

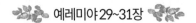 예레미야 29~31장

point *1*   예레미야 선지자는 바벨론 포로로 끌려간 남유다 백성들에게 편지를 씁니다.

point *2*   하나님께서는 예레미야 선지자를 통해 거짓 예언자 아합, 시드기야, 스마야에게 심판을 말씀하십니다.

point *3*   하나님께서는 포로 된 남유다 백성들에게 70년이 지나면 다시 귀환하게 됨을 말씀하십니다.

point *4*   하나님께서는 예레미야 선지자를 통해 북이스라엘과 남유다의 완전한 회복을 말씀해주십니다.

point *5*   예레미야 선지자는 구약성경에서 예수님으로 이어지는 가장 중요한 고리인 '새 언약'을 예고합니다.

크고 은밀한 일, 두 가지
Grand and detailed

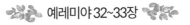 예레미야 32~33장

point *1* 시드기야 왕은 예레미야 선지자의 예언 내용을 문제 삼아 그를 시위대 뜰에 가둡니다.

point *2* 하나님께서 예레미야 선지자에게 그의 고향 땅 아나돗의 밭을 사게 하십니다.

point *3* 예레미야 선지자는 남유다가 다시 회복될 날을 위해 기도 합니다.

point *4* 하나님께서 말씀하신 크고 은밀한 일 두 가지는 '포로 귀환 과 회복, 그리고 메시아 나라'입니다.

point *5* 하나님의 남유다 회복 메시지의 최종 결론은 '메시아의 나 라'입니다.

레갑의 후손들
Rekab's descendants

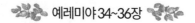

예레미야 34~36장

point *1* 시드기야 왕은 국가의 긴급한 위기 가운데 제사장 나라 노예해방법을 지키겠다고 맹세하고는 다시 그 계약을 파기해버립니다.

point *2* 하나님께서는 여호야김 왕 시대에 조상들의 교훈을 지키며 살아가고 있던 레갑 사람들을 칭찬하십니다.

point *3* 하나님께서 레갑 사람들과 남유다 백성들을 비교하며 남유다 백성들을 책망하십니다.

point *4* 여호야김 왕 시대에 하나님께서 예레미야 선지자에게 주신 말씀을 바룩이 기록하고 낭독합니다.

point *5* 여호야김 왕은 신하들의 만류에도 불구하고 예레미야 선지자의 두루마리를 불태워버립니다.

남유다 멸망 직전
Just before south Judah's fall

예레미야 37~38장

point *1* 시드기야 왕은 150년 전 히스기야 왕 때의 기적만을 요구 합니다.

point *2* 남유다가 멸망하기 직전 시드기야 왕과 예레미야 선지자 가 첫 번째 비밀 회동을 합니다.

point *3* 남유다의 고관들이 시드기야 왕을 협박해 예레미야 선지 자를 구덩이에 던져 죽이려고 합니다.

point *4* 남유다가 멸망하기 직전 시드기야 왕과 예레미야 선지자 가 두 번째이자 마지막 비밀 회동을 합니다.

point *5* 시드기야 왕이 예레미야에게 내린 마지막 명령은 자신과 의 비밀 회동 사실을 발설하면 죽이겠다는 것입니다.

예레미야 70년

Jeremiah: 70 years

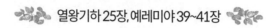

열왕기하 25장, 예레미야 39~41장

point *1* 바벨론의 3차 침략으로 남유다는 완전히 멸망합니다.

point *2* B.C.586년 예루살렘 성전이 불타는 그 순간부터 예레미야 선지자의 후기 사역이 시작됩니다.

point *3* 예레미야 선지자는 극상품 무화과가 되지 못할 남겨진 남 유다 백성들과 함께 머뭅니다.

point *4* 남유다에 남아 있던 반바벨론주의자들은 바벨론이 세운 남유다 총독 그다랴를 암살합니다.

point *5* 바벨론 포로 70년에는 하나님의 네 가지 목적이 있습니다.

애굽으로 도망친 자들
Runaways to Egypt

예레미야 42~45장

point 1   3차 바벨론 포로 이후 남유다에 남겨진 자들이 애굽행을
          결정하면서 예레미야에게 중보기도를 요청합니다.

point 2   예레미야 선지자의 중보기도에 대한 하나님의 응답은 "애
          굽으로 가면 재앙이 있을 것이다"입니다.

point 3   결국 요하난과 군 지휘관들은 예레미야 선지자와 바룩까
          지 데리고 애굽으로 망명을 갑니다.

point 4   하나님께서는 애굽으로 내려간 '나쁜 무화과나무', 남유다
          백성들에게까지 예레미야를 통해 말씀을 주십니다.

point 5   하나님께서는 예레미야 선지자와 끝까지 동행한 바룩에게
          구원을 약속해주십니다.

하나님의 세계 경영

God's management of the world

예레미야 46~48장

point *1* 하나님께서는 애굽을 비롯해 남유다 주변 열 개 나라에 대한 심판을 말씀하십니다.

point *2* 하나님께서는 바벨론 포로 70년이 지나면 남유다가 다시 회복될 것을 말씀하십니다.

point *3* 예레미야 선지자를 통한 열방에 대한 예언은 곧 하나님의 세계 경영입니다.

point *4* 하나님께서는 이스라엘과 늘 긴장 관계를 유지해왔던 모압에 대해 다시 한번 심판을 말씀하십니다.

point *5* 모압이 하나님께 심판받는 이유는 '우상숭배'와 '교만' 때문입니다.

주변 10개국 멸망 예언

Prophecy of the 10 surrounding countries

 예레미야 49~50장

point *1* 하나님께서 예레미야 선지자를 통해 암몬의 멸망을 말씀
하십니다.

point *2* 하나님께서 예레미야 선지자를 통해 에돔의 멸망을 말씀
하십니다.

point *3* 하나님께서 예레미야 선지자를 통해 다메섹, 게달, 하솔, 엘
람의 멸망을 말씀하십니다.

point *4* 하나님께서 예레미야 선지자를 통해 바벨론의 멸망을 또
다시 말씀하십니다.

point *5* 하나님께서 이스라엘의 회복을 다시 말씀하십니다.

시드기야 왕의 최후
King Zedekiah's final moment

예레미야 51~52장

point *1* 하나님께서는 바벨론 제국은 멸망하지만 남유다는 구원받을 것이라고 말씀하십니다.

point *2* 하나님의 세계 경영 가운데 바벨론 제국은 70년 만에 멸망하게 될 것입니다.

point *3* 남유다의 마지막 왕인 시드기야는 두 눈이 뽑히고 놋 사슬에 묶여 수백 킬로미터를 끌려갑니다.

point *4* 바벨론 제국은 예루살렘성을 약탈한 후 불태워 파괴합니다.

point *5* 예레미야 선지자는 온몸과 마음으로 고난을 당했습니다.

눈물의 선지자, 예레미야
The prophet of tears, Jeremiah

 예레미야애가 1~2장

point *1* 왕정 500년은 사무엘의 슬픔으로 시작해서 예레미야의 눈물로 끝이 납니다.

point *2* 예레미야의 눈물과 고통은 예레미야의 입술에 담긴 하나님의 고통이며 하나님의 눈물입니다.

point *3* 예레미야 선지자는 하나님의 진노로 남유다가 멸망했음을 밝힙니다.

point *4* 예레미야 선지자는 남유다를 멸망으로 이끈 원인이 거짓 선지자들에게 있음을 밝힙니다.

point *5* 예레미야 선지자는 눈물로 눈이 상할 때까지 울었습니다.

소망 - 주의 인자와 긍휼

Hope - God's mercy

예레미야애가 3~5장

point *1* 언제나 '한 사람의 순종'은 하나님의 시작입니다.

point *2* 하나님께서 인생으로 고생하게 하시며 근심하게 하심은 본심이 아닙니다.

point *3* 남유다를 멸망으로 이끈 두 가지 이유는 첫째, 종교 지도 자들의 잘못 때문이며 둘째, 이방 민족을 의지했기 때문입니다.

point *4* 예레미야 선지자는 남유다 멸망의 참담한 상황을 자세하게 증언합니다.

point *5* 예레미야 선지자는 모든 이를 대표해 죄를 고백하며 하나님의 구원을 간구합니다.

오바댜, 오래된 형제가 환난 당하는 날

Obadiah, when old brothers face hardship

 오바댜 1장

point *1* 야곱과 에서 이야기는 예수님과 헤롯 때까지 이어집니다.

point *2* 하나님께서는 오바댜 선지자를 통해 에돔의 멸망이 그들의 '교만' 때문이라고 말씀하십니다.

point *3* 에돔이 멸망하는 가장 큰 이유는 '오래된 형제'를 돕지 않았기 때문입니다.

point *4* 남유다 멸망 때 바벨론 제국을 도운 에돔은 오히려 바벨론 제국에게 하나도 남김없이 수탈을 당할 것입니다.

point *5* 〈오바댜〉는 야곱과 에서 두 민족 사이에 바벨론 제국이 끼어든 이야기입니다.

역대기 족보 특강 1 - 선물

Lecture 1 in Chronicles - gift

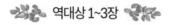
역대상 1~3장

point *1* 하나님께서는 남유다 백성들에게 바벨론 포로 70년의 시작과 끝에 열왕기와 역대기를 선물로 주십니다.

point *2* 성경 속 족보는 언약을 지키시는 하나님의 이야기입니다.

point *3* 아담에서 에서까지의 족보를 통해 장자권은 야곱에게 주시지만 에서에게도 민족의 복을 주심을 알 수 있습니다.

point *4* 역대기는 열두 지파의 시작과 유다를 향한 야곱의 축복이 다윗에게서 성취됨을 증언합니다.

point *5* 다윗의 족보는 예루살렘이 왕성할 때뿐만 아니라 멸망 이후까지도 계속 이어집니다.

역대기 족보 특강 2 - 성취
Lecture 2 in Chronicles - fulfillment

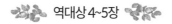 역대상 4~5장

point *1* 유다 지파를 향한 야곱의 모든 유언이 성취됩니다.

point *2* 시므온 지파를 향한 야곱의 모든 유언이 성취됩니다.

point *3* 요단 동편에서 기업을 함께 받았던 르우벤 지파, 갓 지파, 므낫세 반 지파는 초기에는 서로 협력하고 연합하여 전쟁에서 승리했습니다.

point *4* 요단 동편에서 먼저 기업을 받았던 르우벤 지파와 갓 지파는 처음 마음을 잃어버리고 비옥한 그 땅에서 점차 하나님 대신 우상을 숭배함으로 결국 앗수르로 사로잡혀갑니다.

point *5* 요단 동편에서 먼저 기업을 받았던 므낫세 반 지파도 비옥한 그 땅에서 점차 하나님 대신 우상을 숭배함으로 앗수르로 사로잡혀갑니다.

역대기 족보 특강 3 - 희망

Lecture 3 in Chronicles - hope

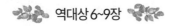 역대상 6~9장

point *1* 야곱의 유언대로 레위 지파는 제사장 지파가 되어 이스라
엘 각 지파 사이로 흩어집니다.

point *2* 다윗의 성전 조직 정비 때에 성전에서 찬송하는 사람들, 즉
'찬양대'가 생겨납니다.

point *3* 요단 서편 지파들의 족보에서 단 지파와 스불론 지파의 기
록은 제외됩니다.

point *4* 이스라엘이 솔로몬 이후 남북으로 나뉠 때에 남유다와 함
께한 베냐민 지파 족보가 다시 한번 기록됩니다.

point *5* 바벨론 포로 귀환 후 극상품 무화과 열매가 된 사람들의 명
단이 기록됩니다.

226

다윗을 도운 용사들

Warriors who helped David

역대상 10~12장

point *1* 역대기는 사울의 통치 40년을 생략하고 곧바로 사울의 죽음으로부터 이야기를 시작합니다.

point *2* 70년 만에 바벨론에서 귀환한 남유다 백성들은 사울 가문의 몰락 원인이 여호와께 범죄하였기 때문이라고 날카롭게 지적합니다.

point *3* 〈역대상〉 대부분은 다윗의 이야기를 다룹니다.

point *4* 다윗이 유다 지파의 왕이 되기 전 다윗을 도와준 용사들이 역사의 기록에 남아 있습니다.

point *5* 다윗이 통일왕국의 왕이 되도록 다윗을 도와준 열두 지파의 용사들이 역사의 기록에 남아 있습니다.

227

수레에 싣느냐 vs. 어깨에 메느냐

On the cart vs. over the shoulders

 **역대상 13~16장**

point *1* 역대기는 하나님의 언약궤를 예루살렘으로 옮겨오기 위해
        다윗 왕이 천부장, 백부장 등 군대의 모든 지휘관과 함께
        이를 결의했다고 기록하고 있습니다.

point *2* 다윗은 두로 왕 히람으로부터는 선물을 받고 블레셋과는
        싸워 크게 승리합니다.

point *3* 다윗은 언약궤를 옮기는 첫 번째 시도 때에는 제사장 나라
        규례에 어긋나게 '수레에 실어서' 실패했으나 두 번째 시도
        때에는 제사장 나라 규례대로 '어깨에 메어' 성공합니다.

point *4* 하나님의 언약궤는 오벧에돔의 집에서 예루살렘성으로 레
        위 지파 고핫 자손의 어깨에 메어 제사장 나라 규례대로 옮
        겨집니다.

point *5* 다윗은 예루살렘에 언약궤를 안치한 후 레위 지파 사람들
        가운데 성막 관련 직무자들을 임명합니다.

다윗의 기도와 승전 기록

David's prayer and victory record

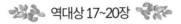 역대상 17~20장

point *1*   하나님께서는 다윗의 소망인 성전 건축 계획과 관련하여 하나님의 뜻을 말씀하십니다.

point *2*   다윗은 하나님 앞에서 자신을 '왕'이라고 하지 않고 '주의 종'이라고 칭합니다.

point *3*   하나님께서는 다윗이 어디로 가든지 이기게 하십니다.

point *4*   아브라함의 조카 롯의 후손인 암몬 족속은 줄곧 형제국 이스라엘과 적대적 관계로 지냅니다.

point *5*   역대기 기자는 블레셋의 이스비브놉이 다윗을 죽이려 할 때 아비새가 구한 사건 기록은 생략합니다.

다윗의 죄악과 회개
David's sin and repentance

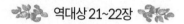 역대상 21~22장

point *1* 다윗은 요압의 만류에도 불구하고 인구조사를 강행합니다.

point *2* 인구조사 후에 하나님께서 이스라엘에 내리신 징계에 대
해 역대기는 다윗과 이스라엘의 장로들이 함께 회개했다
고 기록하고 있습니다.

point *3* 오르난 타작마당에서 드린 다윗의 제사에 하나님께서 불
로 응답해주십니다.

point *4* 다윗은 오르난 타작마당에서 희생제사를 드린 후 그곳을
'하나님의 성전'이라고 부릅니다.

point *5* 다윗은 성전 설계도와 자신이 준비한 모든 것을 그의 아들
솔로몬에게 물려줍니다.

다윗 시대 직분자 계보

The genealogy of those who held positions during
David's rule

 역대상 23~26장

point 1 다윗은 레위 지파 38,000명을 모으고 성전 건축 후에 그들
이 각자 해야 할 일들을 정해줍니다.

point 2 여호와의 성전의 일을 보살피는 자로 선택받은 레위 자손의
게르손, 그핫, 므라리 자손들은 24개 반으로 나누어 차등 없
이 제비를 뽑아 순번대로 제사장 돕는 일을 감당합니다.

point 3 레위 지파 가운데 성전에서 찬양대를 맡은 자들도 24개 반
으로 나누어 차등 없이 제비를 뽑아 순번대로 직무를 감당
합니다.

point 4 성전의 문지기도 24개 반에서 차등 없이 제비를 뽑아 직무
를 맡깁니다.

point 5 다윗은 그 외에 레위 지파 사람들에게 관원과 재판관 등의
직임을 맡깁니다.

낡아진 성전 설계도만큼

As much as the worn out blueprint of the temple

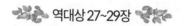
역대상 27~29장

point *1* 다윗 때의 외형적 국가 형태는 왕정 제도였지만 그 내용은
제사장 나라를 담아내고 있습니다.

point *2* 다윗이 이스라엘 지도자들에게 유언을 남깁니다.

point *3* 다윗은 솔로몬에게 유언과 함께 하나님께서 주신 성전의
설계도를 건네줍니다.

point *4* 다윗은 성전 설계도가 닳도록 들여다보며 성전 건축에 바
칠 예물들을 정성껏 준비해둡니다.

point *5* 역대기는 다윗의 행적이 선지자 사무엘, 갓, 나단의 글에 기
록되었다고 밝히고 있습니다.

역사, 미래를 위한 힘

History - strength for the future

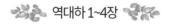
역대하 1~4장

point *1*   역대기에 기록된 솔로몬의 성전 건축 이야기는 바벨론 포로 70년을 마치고 귀환한 사람들에게 미래로 나아갈 수 있는 힘이 되었습니다.

point *2*   역대기는 솔로몬의 부귀영화가 모두 하나님께서 주신 복임을 강조합니다.

point *3*   솔로몬의 성전 건축이 대내외적인 협력을 받으며 마침내 시작됩니다.

point *4*   역대기는 솔로몬의 성전 건축에서 '장소'의 중요성을 강조합니다.

point *5*   솔로몬은 성전 기구의 작은 것 하나까지도 정성을 다해 제작합니다.

솔로몬이 업적

Solomon's achievements

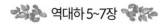

역대하 5~7장

point *1* 　모세 때에는 회막(성막) 위에, 솔로몬 때에는 성전에 '언약 궤'가 안치될 때 여호와의 영광이 그 위에 구름으로 가득했습니다.

point *2* 　솔로몬은 하나님께서 '성전의 장소로는 예루살렘을, 이스라엘의 왕으로는 다윗을' 택하셨다고 이스라엘 백성들에게 밝힙니다.

point *3* 　솔로몬의 성전 낙성식 기도는 이후에 다니엘의 기도로 이어집니다.

point *4* 　역대기는 솔로몬의 성전 낙성식 기도 후 하나님께서 불로 응답하셨다고 기록합니다.

point *5* 　솔로몬의 지혜는 '성전 낙성식 기도'에서 가장 잘 나타났습니다.

234

건축과 재건축
Construction and reconstruction

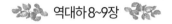
역대하 8~9장

point 1 역대기는 솔로몬이 위대한 도시 건축가였음을 증언해줍니다.

point 2 역대기는 솔로몬을 다윗과 같은 제사장 나라의 계승자로 기록합니다.

point 3 솔로몬의 지혜는 결국 스바 여왕이 하나님을 송축하게 했습니다.

point 4 솔로몬은 이스라엘을 최대 황금기로 이끕니다.

point 5 역대기는 솔로몬의 부귀영화를 기록한 후 이어서 솔로몬의 죽음을 바로 기록합니다.

한 민족 두 국가
One nation, two countries

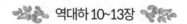

역대하 10~13장

point *1* 르호보암의 '전갈 채찍' 결정으로 이스라엘은 결국 '한 민족 두 국가'로 나뉘게 됩니다. 역대기는 이를 '솔로몬을 향한 하나님의 징계'라고 기록합니다.

point *2* 하나님께서는 스마야 선지자를 통해 르호보암이 북이스라엘을 '나라'로 인정하게 하십니다.

point *3* 이스라엘의 남북 분단 직후 북쪽 지역에 살고 있던 제사장들과 레위 지파 사람들과 상당수의 신실한 사람들이 남유다로 내려옵니다.

point *4* 등극 초기에 기세등등했던 솔로몬의 아들 르호보암은 남북 분단 후 애굽의 침략까지 받은 초라한 왕이 됩니다.

point *5* 한 민족 두 국가로 나뉜 이스라엘에서 르호보암과 여로보암에 이어 르호보암의 아들 아비야와 여로보암이 서로 전쟁을 합니다.

236

아사의 신앙 운동
Asa's faith movement

역대하 14~17장

point 1 역대기는 남유다 3대 왕 아사의 초기 10년간의 평안은 아
         사가 하나님께 순종했기 때문이라고 평가합니다.

point 2 역대기는 아사 왕의 '신앙 갱신운동'으로 북이스라엘 백성
         들 중에 아사에게 돌아온 자들이 많았다고 기록합니다.

point 3 역대기는 아사 왕의 신앙 갱신운동의 결과로 하나님께서
         남유다의 국방을 책임져주셨다고 기록합니다.

point 4 역대기는 아사 왕의 후반 실패의 원인을 아람과의 동맹과
         선지자를 통한 하나님의 책망을 듣지 않았기 때문이라고
         지적합니다.

point 5 남유다 4대 왕 여호사밧은 철저한 '신앙 갱신운동'으로 남
         유다에서 우상을 척결합니다.

동맹보다 신앙
Faith before alliance

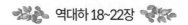
역대하 18~22장

point *1* 　남유다의 여호사밧 왕이 북이스라엘 아합 왕의 가문과 맺은 혼인 동맹은 이후 남유다에 먹구름을 드리우게 하는 원인이 됩니다.

point *2* 　예후 선지자의 책망을 받은 남유다의 여호사밧 왕은 '제사장 나라 신앙 갱신운동'을 대대적으로 펼칩니다.

point *3* 　여호사밧 왕은 솔로몬의 성전 낙성식 기도에 따른 회개기도를 하나님께 드립니다.

point *4* 　엘리야 선지자는 남유다의 다섯 번째 왕인 여호람 왕에게 편지를 보내 책망합니다.

point *5* 　북이스라엘의 왕 아합의 딸인 아달랴는 남유다 전역에 바알 숭배를 퍼트립니다.

용기 있는 제사장 여호야다

Jehoiada - the brave priest

 역대하 23~25장

point 1 제사장 '여호야다의 개혁'에 대해 열왕기에서는 왕의 시위
대를 중심으로, 역대기에서는 남유다 전역의 레위 사람들
을 중심으로 기록합니다.

point 2 남유다의 여덟 번째 왕 요아스는 '성전 보수'를 실행함으로
'신앙 갱신운동'을 펼칩니다.

point 3 요아스 왕은 제사장 여호야다가 죽은 뒤로는 선지자의 경
고를 듣지 않습니다.

point 4 남유다 아홉 번째 왕 아마샤는 아버지 요아스를 죽인 신하
들을 처단하되 그들의 자녀들에게는 보복하지 않습니다.

point 5 하나님의 도움으로 에돔과의 전쟁에서 승리한 아마샤는
그 이후 스스로 교만해져 북이스라엘과 전쟁을 합니다.

239

웃시야에서 아하스까지
From Uzziah to Ahaz

역대하 26~28장

point *1* 남유다의 열 번째 왕 웃시야의 통치 초반에는 가축을 잘 키
우며 농사를 잘 지을 수 있도록 좋은 여건들을 만들어 나라
가 풍요를 누리게 됩니다.

point *2* 국가가 번영하고 강하게 되자 교만해진 웃시야는 제사장
대신 자신이 직접 하나님의 향단에 분향하려 합니다.

point *3* 남유다의 열한 번째 왕 요담은 하나님 앞에서 정직했으나
그 시대 백성들은 하나님 앞에 부패했다고 기록되어 있습
니다.

point *4* 남유다의 열두 번째 왕인 아하스는 그의 16년간의 통치 기
간 내내 우상을 숭배했습니다.

point *5* 아하스 왕은 앗수르 왕에게는 도움을 구하면서 하나님께
는 도움을 구하지 않습니다.

240

히스기야의 유월절

Hezekiah's Passover

역대하 29~31장

point *1*   역대기에서 히스기야 왕을 유독 강조한 이유는 바벨론 포로 귀환 후 재건 공동체가 예루살렘 성전 중심의 삶을 꿈꾸었기 때문입니다.

point *2*   역대기는 히스기야 왕이 통치를 시작한 그해에 가장 먼저 성전 개혁을 명령했다고 기록합니다.

point *3*   히스기야 왕이 유월절을 지킨 내용은 열왕기에는 없고 역대기에만 기록되어 있습니다.

point *4*   히스기야 왕 때에 비록 소수이긴 하나 북이스라엘 백성들이 남유다 백성들과 함께 유월절을 지키는 감격이 있었습니다.

point *5*   유월절 행사를 마친 후 북이스라엘과 남유다 백성들은 한마음으로 모든 성읍에서 우상을 척결합니다.

241

우상숭배자 므낫세의 결말

The finale for Manasseh who worshipped idols

 역대하 32~33장

point *1* 역대기는 히스기야 왕이 하나님을 의지하여 승리한 앗수르 제국과의 2차 침략 전쟁만 기록하고 있습니다.

point *2* 역대기는 하나님께서 바벨론 사신들을 통해 히스기야 왕을 시험하셨다고 기록합니다.

point *3* 남유다의 열네 번째 왕인 므낫세는 최악의 '우상숭배자'였습니다.

point *4* 역대기에 기록된 므낫세 왕의 회개 기록은 열왕기에는 없는 부분입니다.

point *5* 므낫세의 아들 남유다의 열다섯 번째 왕 아몬은 그의 통치 기간 2년 내내 우상만 숭배했습니다.

242

요시야의 신앙 개혁

Josiah's faith reform movement

역대하 34~36장

point *1*   역대기는 요시야 왕의 신앙 개혁을 시간의 흐름에 따라 기록합니다.

point *2*   요시야 왕은 모세의 율법대로 유월절을 지킵니다.

point *3*   요시야 왕 시대에 스바냐 선지자와 예레미야 선지자가 하나님의 심판 메시지를 전했습니다.

point *4*   남유다의 17대 왕 여호아하스는 애굽에, 그리고 19대 왕 여호야긴은 바벨론에 포로로 끌려갑니다.

point *5*   남유다의 마지막 20대 왕 시드기야는 쇠사슬에 묶인 채 바벨론으로 끌려갑니다.

판타스틱 에스겔
Fantastic Ezekiel

에스겔 1~3장

point *1* 성경에서 헤드라이트(headlight)가 비치는 '무대'는 크게 일곱 번 바뀝니다.

point *2* 젊은 제사장 에스겔은 바벨론 땅 그발 강가에서 선지자로 사역을 시작합니다.

point *3* 히브리어 '벤 아담', 즉 사람의 아들 '인자'는 이제 '하나님의 영광을 목격'하게 됩니다.

point *4* 에스겔 선지자는 하나님의 마음을 품되 그의 이마는 금강석같이 강하게 해야 했습니다.

point *5* 에스겔 선지자는 하나님의 파수꾼으로 부름을 받습니다.

244

에스겔의 네 가지 환상

Ezekiel's four visions

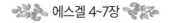 에스겔 4~7장

point *1* 하나님의 영광을 체험한 에스겔 선지자는 여러 상징적 행위를 행하며 하나님께 순종합니다.

point *2* 에스겔 선지자는 제사장이 깎아서는 안 되는 머리털과 수염을 깎으라는 하나님의 명령에 순종합니다.

point *3* 예루살렘 멸망 심판 이후의 비참한 삶은 이미 〈레위기〉에 기록된 경고대로입니다.

point *4* 남유다가 멸망하는 가장 중요한 이유는 우상숭배 때문입니다.

point *5* 에스겔 선지자는 이제 남유다가 제사장 나라의 희년 제도조차 소용없을 정도로 완전히 멸망했음을 선포합니다.

245

환상 중에 본 예루살렘은?

Jerusalem in the vision

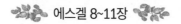
에스겔 8~11장

point *1*   하나님께서는 에스겔 선지자에게 예루살렘에서 행해지고
       있는 네 가지 종류의 우상숭배 장면을 환상으로 보여주십
       니다.

point *2*   모세도, 에스겔도, 바울도 하나님께 탄원한 적이 있습니다.

point *3*   에스겔 선지자의 사역은 '하나님의 영광'에 초점이 맞춰 있
       습니다.

point *4*   에스겔 선지자가 환상 중에 가서 본 예루살렘은 우상숭배
       와 하나님께 대한 오해로 가득 차 있었습니다.

point *5*   하나님께서는 에스겔 선지자를 통해 흩어진 자들에게 "바
       로 그곳에서 내가 잠깐 그들에게 성소가 되리라"라고 말씀
       하십니다.

'묵시가 사라진다'는 속담

The proverb 'every vision comes to nothing'

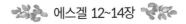
에스겔 12~14장

point *1* 하나님께서는 에스겔 선지자의 퍼포먼스를 통해 남유다가 받을 심판이 확정되었음을 선포하십니다.

point *2* 그 당시 남유다에는 "날이 더디고 모든 묵시가 사라지리라"라는 속담이 퍼지고 있었습니다.

point *3* 그 당시 거짓 선지자들이 거짓을 예언한 이유는 두어 움큼의 보리를 얻기 위한 것이었습니다.

point *4* 하나님도 섬기고, 우상도 섬기는 남유다의 장로들이 에스겔 선지자를 찾아옵니다.

point *5* 하나님께서는 에스겔 선지자에게 당대의 의인으로 인정받았던 노아, 다니엘, 욥의 중보기도가 있다 해도 남유다의 심판은 반드시 이루어질 것이라고 말씀하십니다.

옛 언약과 새 언약 약속

The promise of the Old and New covenants

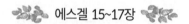 에스겔 15~17장

point *1* 하나님께서는 에스겔 선지자를 통해 열매 맺지 않는 포도
나무 비유로 남유다에 임할 심판을 말씀하십니다.

point *2* 하나님께서는 에스겔 선지자를 통해 고아와 같았던 남유
다가 하나님의 놀라운 은혜를 받고서도 하나님을 비판했
다고 말씀하십니다.

point *3* 하나님께서는 남유다와 맺은 옛 언약을 기억하시며 새 언
약을 다시 줄 것을 약속하십니다.

point *4* 하나님께서 남유다 백성들에게 수수께끼와 비유를 통해
말씀하십니다.

point *5* 하나님께서는 에스겔 선지자를 통해 백향목 비유를 말씀
하시며 궁극적으로 남유다 백성들은 메시아의 나라에서
구원받을 것이라고 말씀하십니다.

마음과 영을 새롭게 하라

Cleansing of the heart and soul

 에스겔 18~20장

point *1* 바벨론 포로로 끌려온 남유다 백성들은 아버지와 조상들의 죄로 말미암아 자신들이 심판을 받고 있다는 구차한 변명을 하고 있습니다.

point *2* 하나님께서는 "악인이 죽는 것을 기뻐하지 않는다"라고 말씀하십니다.

point *3* 하나님께서는 두 마리 사자 비유와 포도나무 비유를 통해 남유다의 멸망을 말씀하십니다.

point *4* 하나님께서는 포로지에서 에스겔 선지자를 찾아온 장로들에게 그들의 반역의 역사를 말씀하십니다.

point *5* 하나님께서는 에스겔 선지자를 통해서도 바벨론 포로 70년 기간을 징계와 교육으로 채울 것이라고 말씀하십니다.

249

여호와의 칼
The Lord's Sword

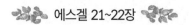
에스겔 21~22장

point *1* 하나님께서는 에스겔 선지자에게 허리가 끊어지듯 탄식하
라고 말씀하십니다.

point *2* 하나님께서 에스겔 선지자에게 칼의 노래를 부르게 하십
니다.

point *3* 하나님께서 남유다 왕들과 지도자들의 범죄를 낱낱이 드
러내십니다.

point *4* 이제 남유다는 그들의 죄에 대한 징계를 받으며 다시 정결
하게 되는 풀무 불에 들어가야 합니다.

point *5* 하나님께서는 다시 한번 남유다 각계각층 사람들이 지은
죄를 조목조목 말씀하십니다.

녹슨 가마 비유

Parable of the pot

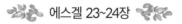 에스겔 23~24장

point *1* 하나님께서는 오홀라와 오홀리바 두 자매 비유를 통해 이스라엘이 하나님 대신 주변 강대국들을 의지하고 우상숭배한 잘못을 말씀하십니다.

point *2* 하나님께서는 남유다가 먼저 멸망한 북이스라엘의 뒤를 따랐다고 말씀하십니다.

point *3* 하나님께서는 바벨론 제국이 예루살렘성을 3차로 침략하자 에스겔 선지자에게 '녹슨 가마 상징'을 행하게 하십니다.

point *4* 하나님께서는 선지자들을 통해 당시 상황을 가장 빠르게 이해하게 하는 방법으로 '비유'와 '상징'을 주셨습니다.

point *5* 하나님께서는 에스겔 선지자에게 아내의 죽음을 울거나 슬퍼하지 말고 조용히 탄식하라고 명령하십니다.

세계 최고 해상 무역국 두로의 멸망
The fall of Tyre

에스겔 25~28장

point 1 세계가 다 내게 속했다고 말씀하신 하나님께서는 남유다 주변국인 암몬, 모압, 에돔, 블레셋이 받을 심판을 말씀하십니다.

point 2 두로는 그들의 무역 경쟁국인 남유다가 망하자 크게 기뻐하며 좋아했지만 결국 바벨론 제국에 정복당하고 이후 헬라 제국의 알렉산더에 의해 완전히 멸망합니다.

point 3 에스겔 선지자는 세계 최고의 해상 무역국이었던 두로의 영광을 자세히 묘사합니다.

point 4 하나님께서는 두로가 갑작스럽게 멸망함으로 수많은 무역 국가가 두로를 애도하게 될 것이라고 말씀하십니다.

point 5 하나님께서는 두로의 멸망 원인이 두로 왕의 교만 때문이라고 말씀하십니다.

악인이 죽는 것을 기뻐하지 않는다

Not pleased of the evil's death

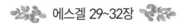 에스겔 29~32장

point *1* 하나님께서는 애굽에 대한 심판을 여러 비유로 반복하여 말씀하십니다.

point *2* 하나님의 공의의 심판이 이루어지는 날, 바벨론 제국의 군대가 애굽을 칠 것입니다.

point *3* 하나님께서는 에스겔 선지자를 통해 애굽의 교만을 앗수르와 견주어 말씀하십니다.

point *4* 하나님께서는 애굽의 멸망을 통해 다시 한번 세계가 다 하나님께 속해 있음을 드러내십니다.

point *5* 하나님께서는 "나는 악인이 그의 길에서 돌이켜 떠나 사는 것을 기뻐하노라"라고 말씀하십니다.

253

선지자와 파수꾼
Prophets and watchman

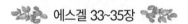
에스겔 33~35장

point *1* 〈에스겔〉은 예루살렘 함락 소식이 바벨론 포로민들에게
전해지는 에스겔 33장을 전환점으로 분위기가 바뀝니다.

point *2* 예루살렘성이 바벨론에 함락당하자 바벨론 포로 남유다
백성들이 그동안 외면했던 에스겔 선지자의 메시지를 들
으려고 찾아옵니다.

point *3* 하나님께서는 남유다의 지도자들을 목자로 비유하며 비판
하십니다.

point *4* 하나님께서는 흩어진 하나님의 백성들이 메시아를 통해
회복될 것이라고 말씀하십니다.

point *5* 하나님께서는 바벨론 제국 편에 서서 남유다의 멸망을 도
운 에돔에 대해 다시 한번 심판을 선언하십니다.

마른 뼈 환상

The vision of the dry bone

 에스겔 36~37장

point *1* 북이스라엘과 남유다가 모두 멸망하여 앗수르와 바벨론으로 각각 포로로 끌려가게 된 것은 하나님과 맺은 '쌍무 언약'에 준거한 징계였습니다.

point *2* 하나님께서는 다시 정결하게 될 하나님의 백성 이스라엘의 모습을 기대하십니다.

point *3* 하나님께서는 첫 사람 아담에게 생명의 숨을 불어넣으셨던 것처럼 마른 뼈들에게 생기를 넣어 군대가 되게 하실 것입니다.

point *4* 두 막대기 비유는 바벨론 포로 귀환 후 다시 회복될 '제사장 나라'와 메시아가 오셔서 세우실 '하나님 나라'를 뜻합니다.

point *5* 에스겔 선지자를 통해 하나님의 '은혜 언약'은 '새 언약'과 '화평 언약'의 줄기로 이어집니다.

255

7년 동안 사용할 땔감을 전리품으로

7-year worth of logs used as spoils

 에스겔 38~39장

point *1*   하나님께서 에스겔에게 보여주신 환상 가운데 곡의 연합
군이 이스라엘을 침략했음이 기록되어 있습니다.

point *2*   하나님께서는 직접 온갖 재앙을 내리시며 곡의 연합군과
싸울 것이라고 말씀하십니다.

point *3*   곡을 향한 하나님의 심판 후 이스라엘은 7년 동안 사용할
땔감을 전리품으로 얻게 될 것입니다.

point *4*   곡의 연합군을 심판하심으로 하나님께서는 영광을 받으실
것입니다.

point *5*   이스라엘은 다시 제사장 나라 거룩한 시민으로 회복될 것
입니다.

256

에스겔의 성전 조감도

Ezekiel's sketch of the new temple

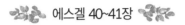

에스겔 40~41장

point *1* 하나님께서 에스겔 선지자에게 환상 중에 보여주신 새 예루살렘 성전은 〈에스겔〉의 결론이자 제사장 나라 이스라엘의 회복의 절정입니다.

point *2* 하나님께서는 에스겔 선지자에게 새 예루살렘 성전의 조감도를 자세히 보여주시고 이것을 바벨론 포로 남유다 백성들에게 전하게 하십니다.

point *3* 하나님께서는 성전과 성전 기구 지식에 능통한 제사장이며 선지자인 에스겔을 통해 성전 조감도를 그리게 하십니다.

point *4* 에스겔 선지자의 성전 조감도는 메시아의 성전이므로 예수님을 의미하는 성소 기구들은 빠져 있습니다.

point *5* 에스겔 선지자가 하나님께 받은 성전 조감도는 귀환한 남유다 백성들이 성전을 재건할 때에 가장 중요한 기록이 됩니다.

성전 동문으로 들어오십니다

God enters through the East Gate

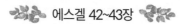 에스겔 42~43장

point *1* 광야에서 모세에게 성막의 식양을 주셨던 하나님께서 바벨론 포로지에서 에스겔 선지자에게는 환상 가운데 다시 재건될 예루살렘 성전의 구조와 치수를 말씀해주십니다.

point *2* 하나님께서는 에스겔 선지자에게 환상을 통해 다시 재건될 예루살렘 성전의 사방 담을 보여주십니다.

point *3* 에스겔 선지자는 환상 중에 예루살렘 성전을 떠나셨던 하나님의 영광이 다시 성전 동문으로 들어옴을 보게 됩니다.

point *4* 하나님께서는 에스겔 선지자를 통해 남유다 백성들이 더 이상 우상을 숭배하지 않는다면 이스라엘에 영원히 거할 것이라고 말씀하십니다.

point *5* 하나님께서는 에스겔 선지자에게 재건될 성전의 조감도를 백성들에게 보여주어 자기들의 죄악이 부끄럽다는 것을 깨달아 알게 하라고 말씀하십니다.

258

여호와의 영광으로 가득 찬 성전
The temple full of God's glory

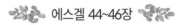
에스겔 44~46장

point *1* 하나님께서는 여호와의 영광이 가득한 성전을 섬길 제사 장직을 사독의 자손 레위 사람에게 다시 맡기십니다.

point *2* 하나님께서는 시내 광야에서 모세에게 말씀하셨던 제사장 의 규례를 바벨론 포로지에서 에스겔을 통해 남유다 백성 들에게 다시 말씀하십니다.

point *3* 하나님께서 왕에게 정해진 구역(땅)을 따로 주시는 이유는 권력을 이용하여 백성들의 소유를 빼앗지 말라는 것입니다.

point *4* 에스겔 46장의 제사장 나라 명절과 절기와 제사 규례는 〈레 위기〉 말씀의 재교육입니다.

point *5* 하나님께서는 올바르게 회복된 제사를 기쁘게 받겠다고 말씀하십니다.

267

259

성전에서 흘러나온 물
The water flowing from the temple

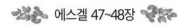
에스겔 47~48장

point *1* 에스겔 선지자가 환상 중에 본 성전에서 흘러나오는 물은 이후 〈요한계시록〉의 새 하늘과 새 땅의 생명수 강의 배경이 됩니다.

point *2* 하나님께서 모세와 에스겔에게 주신 땅의 분배 원칙은 언제나 '경계선대로, 공평하게'입니다.

point *3* 〈여호수아〉에서는 제비뽑기로, 〈에스겔〉에서는 하나님의 직접적인 지도와 제비뽑기로 가나안에서의 땅의 분배가 이루어질 것입니다.

point *4* 여호수아 때는 요단 동편과 서편으로, 에스겔 때는 요단 서편에서 남북으로 나누어 땅을 분배합니다.

point *5* 〈에스겔〉의 마지막은 '여호와 삼마'로 결론을 맺습니다.

다니엘, 제국 변동의 밑그림 그리다

Daniel, sketching out the changes of the empires

다니엘 1~2장

point 1   다니엘은 제국 변동, 즉 '앗수르, 바벨론, 페르시아, 헬라, 로마' 제국 변동의 밑그림을 그린 선지자입니다.

point 2   느부갓네살의 '바벨론 제국 이데올로기 교육'과 예레미야의 '제사장 나라 교육' 계획이 다니엘을 통해서 만납니다.

point 3   다니엘은 바벨론 제국의 음식에서 '제사장 나라 음식'으로 뜻을 정합니다.

point 4   애굽 왕 바로는 '꿈의 해석'을, 바벨론의 왕 느부갓네살은 '꿈과 그 해석'까지 요구합니다.

point 5   다니엘은 오히려 느부갓네살의 꿈을 통하여 하나님께서 온 세상을 다스리는 분, 세계 역사를 주관하시는 분임을, 그리고 지혜와 능력이 하나님의 것임을 깨닫게 됩니다.

261

사드락, 메삭, 아벳느고
Shadrach, Meshach, Abednego

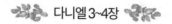 다니엘 3~4장

point *1*   바벨론의 왕 느부갓네살은 하나님을 인정하고 찬양했던 마음이 변하여 스스로 교만해져 자신이 꿈에서 보았던 금 신상을 우상으로 만들고 숭배합니다.

point *2*   다니엘의 세 친구는 조상들이 저지른 우상숭배를 따르지 않고 하나님을 향한 신앙을 굽히지 않습니다.

point *3*   다니엘 4장은 바벨론의 왕 느부갓네살의 조서 형태의 사건 기록입니다.

point *4*   느부갓네살 왕은 자신의 두 번째 꿈에 대한 다니엘의 해석 과 진심어린 충고를 머리로는 이해하지만 마음으로는 받 아들이지 않습니다.

point *5*   '일곱 때'의 징계를 받고 난 느부갓네살 왕의 조서 마지막 기록은 하늘의 왕을 찬양했다는 것입니다.

70년 동안 예루살렘을 향한 기도

The prayer for Jerusalem for 70 years

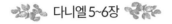 다니엘 5~6장

point *1*   70년 바벨론 제국의 마지막 밤의 생생한 역사가 〈다니엘〉
에 자세히 기록되어 있습니다.

point *2*   다니엘은 느부갓네살 왕에게 금 신상의 뜻을, 벨사살 왕에
게 벽에 쓰인 글자의 뜻을 해석해줍니다.

point *3*   다니엘의 정적들은 총리 다니엘의 '국책 사업 결재 기록'부
터 '일상 신앙생활 기록'까지 모두 조사했지만, 청문회에서
걸릴 만한 어떤 흠도 발견하지 못합니다.

point *4*   다니엘은 자신을 향한 정치적 모략을 알고도 바벨론 제국에
이어 페르시아 제국 때에도 믿음으로 하나님께 기도합니다.

point *5*   신하들의 함정에 빠졌던 다리오 왕은 사자 굴에서 살아나
온 다니엘을 더욱 신임하게 됩니다.

263

네 짐승 환상과 제국 서류 결재

Vision of four animals and the king's files

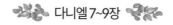
다니엘 7~9장

point *1* 하나님께서는 다니엘에게 환상을 보여주시며 하나님께서 온 세상을 다스리는 주관자 되심을 드러내십니다.

point *2* 다니엘은 네 짐승 환상에 대한 해석을 하나님께 듣고 난 후 마음에 소중히 새깁니다.

point *3* 에스겔 선지자가 환상 중에 예루살렘에 있었던 것처럼, 다니엘도 환상 중에 을래 강변에 있었습니다.

point *4* 다니엘은 예레미야 선지자가 편지로 전해준 '바벨론 포로 70년'이 얼마 남지 않았음을 깨닫고 베옷을 입고 금식하며 나라와 민족을 위해 기도합니다.

point *5* 다니엘이 나라와 민족을 위해 기도할 때에 가브리엘 천사가 와서 기도의 응답을 줍니다.

행정가 다니엘이 선지자인 이유

The reason the administrator Daniel was a prophet

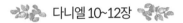 다니엘 10~12장

point *1* 다니엘 선지자가 티그리스(힛데겔) 강가에서 세 이레 금식 중에 네 번째 환상을 보게 됩니다.

point *2* 다니엘 선지자는 환상 중에 메시아의 모습을 보고 놀라고 두려워 혼절할 정도였습니다.

point *3* 다니엘 선지자는 하나님께서 환상 중에 보여주신 페르시아 제국의 멸망, 헬라 제국의 등장에 대한 밑그림을 글로 기록합니다.

point *4* 다니엘 선지자는 이후에 유대를 사이에 두고 발생할 프톨레미 왕조와 셀루커스 왕조의 전쟁에 대해 글로 기록합니다.

point *5* 행정가이자 정치인인 다니엘은 제국 변동을 내다보고 하나님 나라를 꿈꾸며 예언서를 기록함으로 '선지자 다니엘'이라 불리게 됩니다.

성전 기명 5,400점 투자와 재건세대

Investing 5,400 temple artefacts
and Reconstruction Generation

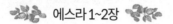 에스라 1~2장

point *1*   페르시아의 고레스 왕은 페르시아 제국의 경영 정책을 '지방 분권화'로 정합니다.

point *2*   페르시아 제국 '고레스 왕의 조서'는 〈역대하〉와 〈에스라〉에 같은 내용으로 기록되어 있습니다.

point *3*   바벨론 제국의 느부갓네살 왕이 세 차례에 걸쳐 빼앗아갔던 예루살렘 성전 기명 5,400점을 페르시아 제국의 고레스 왕은 한꺼번에 다 돌려줍니다.

point *4*   1차 귀환의 지도자는 총독 스룹바벨과 제사장 예수아를 비롯한 11명입니다.

point *5*   제사장 나라의 예루살렘 성전 재건을 위하여 극상품 무화과 열매가 된 49,897명이 1차로 귀환합니다.

노랫소리와 통곡 소리

The sound of song and the sound of lament

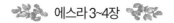 에스라 3~4장

point *1* 페르시아에서 귀환한 '재건세대'는 먼저 제사장 나라의 제사 회복으로부터 그들의 새로운 삶을 시작합니다.

point *2* 재건 공동체는 예루살렘 성전이 불에 타 없어진 지 약 50년 만에 성전 재건에 착수합니다.

point *3* 성전 재건 기공식에서 노랫소리와 통곡 소리가 함께 울려 퍼집니다.

point *4* 귀환 공동체는 사마리아인들의 성전 재건 동참 요구를 거절합니다.

point *5* 사마리아인들은 '뇌물'과 '고소장'으로 재건 공동체의 정착을 꾸준히 방해합니다.

267

학개, 우선순위를 기억하라

Haggai, remember your priorities

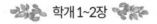

학개 1~2장

point *1* 하나님께서는 예루살렘 성전 재건이 약 16년 동안 중단된 시점에 귀환 공동체에 학개 선지자를 보내십니다.

point *2* 귀환 공동체는 학개 선지자의 책망을 듣고 성전 재건을 다시 시작합니다.

point *3* 학개 선지자를 통해 주신 두 번째 메시지는 "스스로 굳세게 할지어다"입니다.

point *4* 학개 선지자를 통해 주신 세 번째 메시지는 성전 재건 중단 후 오히려 힘들었던 때를 상기시키며 성전 재건 완수를 촉구하는 말씀입니다.

point *5* 학개 선지자를 통해 주신 네 번째 메시지는 스룹바벨로 예표되는 메시아의 심판과 통치 예언입니다.

268

오직 성령의 능력으로 다시
Only through the Holy Spirit's power

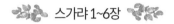 스가랴 1~6장

point *1* 하나님께서는 귀환 공동체에게 학개 선지자를 보내신 지 2개월 만에 스가랴 선지자도 보내주십니다.

point *2* 하나님께서 스가랴 선지자에게 예루살렘을 영화롭게 하기 위한 '측량줄을 가진 사람 환상'을 보여주십니다.

point *3* 하나님께서는 사탄을 꾸짖으시고 죄인의 모습으로 서 있는 대제사장 여호수아(예수아)를 깨끗하게 하십니다.

point *4* 하나님께서 스가랴 선지자에게 주신 다섯 번째 환상인 '순금 등잔대와 두 감람나무 환상'은 스룹바벨과 여호수아에게 주실 능력을 의미합니다.

point *5* 하나님께서는 장차 싹이 날 메시아의 예표로 대제사장 여호수아에게 면류관을 씌워주십니다.

269

메시아는 왜 나귀를 타시는가?

Why did the Messiah enter riding on a donkey?

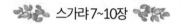 스가랴 7~10장

point *1*   벧엘 사람들이 제사장과 선지자들에게 5월 금식에 대해 문의합니다.

point *2*   하나님께서는 스가랴 선지자를 통해 금식이 변하여 기쁨과 희락의 절기가 될 것이라고 말씀하십니다.

point *3*   하나님께서는 스가랴 선지자를 통해 이스라엘 주변 열방을 향한 하나님의 심판을 말씀하십니다.

point *4*   왕으로 오실 메시아는 겸손하여 나귀 새끼를 타고 오실 것입니다.

point *5*   하나님께서 스가랴 선지자를 통해 메시아 나라의 주체가 될 이스라엘 민족을 견고하게 할 것이라고 말씀하십니다.

'남은 자들'이 지킬 초막절

Festival of Tabernacles kept by remnants

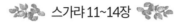 스가랴 11~14장

point *1* 하나님께서는 스가랴 선지자를 통해 메시아이신 예수님이 은 삼십에 팔릴 것을 말씀하십니다.

point *2* 하나님께서는 스가랴 선지자를 통해 온 세계에서 하다드 림몬의 애통과 같은 회개가 일어날 것을 말씀하십니다.

point *3* 하나님께서는 스가랴 선지자를 통해 메시아의 수난과 택 한 백성들의 보호를 말씀하십니다.

point *4* 하나님께서는 이사야, 아모스, 스바냐, 요엘, 에스겔을 통해 선포하셨던 '여호와의 날'을 스가랴 선지자를 통해서도 말 씀하십니다.

point *5* 메시아의 나라에서 '남은 자'들은 하나님의 백성들과 함께 초막절을 지킬 것입니다.

스룹바벨 성전
Zerubabbel's temple

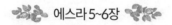
에스라 5~6장

point *1* 학개 선지자와 스가랴 선지자의 독려로 예루살렘 성전 재건이 다시 시작됩니다.

point *2* 페르시아의 다리오 왕은 유프라테스강 서편 총독이 올린 예루살렘 성전 건축과 관련된 상소를 자세히 읽고 확인합니다.

point *3* 페르시아의 다리오 왕은 예루살렘 성전 재건 비용을 유프라테스강 서편 지역에서 걷은 세금으로 지원할 것을 총독에게 명령합니다.

point *4* 16년 동안 중단되었던 예루살렘 성전 재건 공사가 공사 재개 4년여 만에 완공됩니다.

point *5* 페르시아 제국은 예루살렘 성전 재건은 도와주고 바벨론 성은 불태워버립니다.

에스더, 유다 민족의 위기

Esther, threats towards the Jews

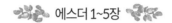 에스더 1~5장

point *1* 페르시아 제국이 그리스 연합군과의 3차 전쟁을 앞두고 사기 진작을 위해 180일 동안 잔치하는 도중 왕후 와스디 폐위 사건이 발생합니다.

point *2* 아하수에로 왕은 에스더를 왕후로 맞이한 기념으로 페르시아 제국 전역에 세금을 면제하는 호의를 베풉니다.

point *3* 아말렉 후손인 하만은 아하수에로 왕의 조서를 이용하여 유다 민족 말살 계획을 실행합니다.

point *4* 에스더는 왕에게 도움을 구하기 전에 하나님께 도움을 구하기 위해 3일간 금식을 실행합니다.

point *5* 에스더는 '하만과의 전쟁'을 왕이 참석한 잔치에서 시작합니다.

부림절과 모르드개
The Festival of Purim and Mordecai

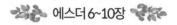 에스더 6~10장

point *1* 에스더의 두 번째 잔치 전날 밤 하나님께서는 아하수에로 왕에게 궁중의 역대 일기를 읽게 하십니다.

point *2* 에스더 왕후는 두 번째 잔치 절정의 순간에 왕과 하만에게 자신이 유다인임을 밝힙니다.

point *3* 에스더는 아하수에로 왕에게 진검승부로 '유다인 진멸 조서' 철회를 부탁합니다.

point *4* 3일 금식과 2일간의 잔치로 에스더는 왕의 새로운 조서와 왕의 준마 사용을 허락받습니다.

point *5* 유다인들은 하나님께서 죽음의 날을 승리의 날로 바꾸어 주신 '부림절'을 가난한 이웃을 구제하는 명절로 지킵니다.

274

에스라의 산헤드린 공회 설립

Ezra's establishment of the Sanhedrin Assembly

 에스라 7~8장

point *1* 율법 학자이면서 페르시아 왕의 자문 학사인 에스라는 B.C.458년, 유대인 1,754명과 함께 예루살렘으로 2차로 귀환합니다.

point *2* 페르시아 제국의 아닥사스다 왕은 지방화 정책 성공을 위하여 에스라를 레반트 지역에 파견합니다.

point *3* 에스라는 예루살렘에 유대인들의 최고 의결 기구인 산헤드린 공회를 설립합니다.

point *4* 에스라는 2차 귀환을 위해 레위인들을 찾았고 아하와 강가에서 금식기도로 귀환을 준비했다고 회상합니다.

point *5* 에스라는 1차 귀환자들처럼 2차 귀환자들과 함께 '이스라엘 열두 지파 전체'를 위해 하나님께 제사를 드립니다.

275

에스라의 사법권과 회개 운동

Ezra's laws and the repentance movement

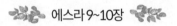

에스라 9~10장

point *1*   에스라는 귀환 공동체의 방백들과 제사장들과 레위 사람
들이 이방 여인들과 혼인한 것을 보고 망연자실합니다.

point *2*   에스라는 이스라엘 역사 속에서 하나님의 징계를 생각하
며 손을 들고 통렬히 회개 운동을 시작합니다.

point *3*   에스라는 스룹바벨 성전 기반 위에 다시 시작하는 제사장
나라 리셋(reset)을 진행합니다.

point *4*   에스라는 페르시아 왕이 준 사법권으로 귀환 공동체 전체
를 3일 내에 집결시킵니다.

point *5*   에스라의 제사장 나라 신앙 개혁 운동은 3개월 만에 결과
를 만듭니다.

최종 목표를 위한 중간 목표

Intermediate goals for the final goal

 느헤미야 1~3장

point *1*   예레미야와 느헤미야는 책 서두에 동일하게 아버지의 이름을 밝히며 글을 시작합니다.

point *2*   평신도인 느헤미야의 기도는 레위기 26장을 시작으로 1,000년의 시간을 담고 있습니다.

point *3*   에스더에 이어 느헤미야도 페르시아 왕과 담판을 시도합니다.

point *4*   느헤미야는 황폐한 예루살렘 답사 3일 후 귀환 공동체의 지도자들에게 자신이 예루살렘에 귀환한 이유를 밝힙니다.

point *5*   느헤미야는 예루살렘 성벽 재건을 위해 자신과 함께 땀과 눈물로 동역한 동지들의 명단을 기록으로 남깁니다.

느헤미야의 52일
Nehemiah's 52 days

 느헤미야4~7장

point 1   느헤미야의 예루살렘 성벽 재건 공사는 시작한 지 얼마 되지 않아 내우외환(內憂外患)을 맞게 됩니다.

point 2   느헤미야는 제사장 나라 거룩한 시민이 결코 해서는 안 되는 두 가지 일, 토지 매매와 인신매매를 바로잡습니다.

point 3   느헤미야는 총독 재임 12년 동안 월급을 수령하지 않았으며 매일 자기 집에서 150명 이상에게 식사를 대접했습니다.

point 4   느헤미야의 대적 산발랏의 무리들은 암살 음모, 협박 편지, 거짓 선지자 동원 등으로 예루살렘 성벽 재건을 방해합니다.

point 5   느헤미야는 52일 만에 예루살렘 성벽 재건 공사를 끝내고 예루살렘성의 관리 책임자를 세웁니다.

278

느헤미야와 에스라의 초막절

Nehemiah and Ezra's Festival of Tents

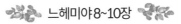 느헤미야 8~10장

point *1* 성벽 재건 후 귀환 공동체가 에스라에게 율법 교육을 요청합니다.

point *2* 에스라와 느헤미야가 백성들과 힘을 합하여 초막절을 지킴으로 귀환 공동체의 꽃을 피웁니다.

point *3* 초막절을 지킨 후 레위인들이 앞장서 금식하며 회개 운동을 이끕니다.

point *4* 귀환 공동체의 지도자들은 제사장 나라 언약에 순종할 것을 서명하고 인봉합니다.

point *5* 귀환 공동체는 모세의 율법대로 제사장 나라 법을 지킬 것을 구체적으로 맹세합니다.

느헤미야의 최종 목표
Nehemiah's final goal

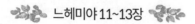 느헤미야 11~13장

point *1*   느헤미야는 예루살렘성에 거주할 사람을 정하면서 여호수아 때처럼 제비뽑기 방법을 사용합니다.

point *2*   느헤미야는 예루살렘과 각 성읍 거주자를 재배치한 후 성전 제사와 제도를 위해 제사장과 레위인 명단을 조사하여 기록합니다.

point *3*   예레미야의 울음이 150년 후 느헤미야와 부녀들과 어린아이들의 웃음꽃으로 바뀝니다.

point *4*   느헤미야는 12년간의 총독 기간을 끝내고 페르시아로 돌아갔다가 그 이후 다시 예루살렘으로 귀국해 개혁을 계속 이끕니다.

point *5*   제사장 나라의 제사, 절기, 명절이 다시 시작되자 풍성해진 예루살렘에 두로의 무역 상인들까지 들어와 예루살렘 경제를 크게 활성화시킵니다.

천오백 년의 사랑의 아쉬움

The absence of acknowledging God's 1,500 years of love

꽃 말라기 1~4장 꽃

point *1* 〈말라기〉는 역사 순서에 따라 〈에스라〉와 〈느헤미야〉를 읽고 난 후 통독해야 합니다.

point *2* 말라기 선지자는 하나님과 이스라엘 백성들 사이의 1,500년 간의 사랑을 슬픈 대화 형식으로 기록합니다.

point *3* 하나님께서 제사장 나라의 제사장들이 율법을 행할 때에 사람에게 치우치게 했다고 말씀하십니다.

point *4* 하나님께서는 귀환 공동체가 제사장 나라 제도를 유지하는 데 기초가 되는 십일조와 봉헌물을 도둑질했다고 책망하십니다.

point *5* 하나님께서는 하나님께서 정하신 '여호와의 날' 전에 엘리야를 보내겠다고 말씀하십니다.

하나님의 독생자 예수

God's only begotten son Jesus

 **마태복음 1~4장**

point *1* 마태복음 1장에는 2,000년의 시간이 담겨 있습니다.

point *2* 로마 제국이 여우 헤롯을 유대 분봉 왕으로 세운 이유는 그들이 앗수르, 바벨론, 페르시아, 헬라 제국의 역사를 공부했기 때문입니다.

point *3* 선지자는 아브라함으로 시작해서 세례 요한으로 끝납니다.

point *4* 예수님께서는 '구약성경'에 기록된 하나님의 말씀으로 사탄의 시험을 이기십니다.

point *5* 예수님께서는 선지자 이사야의 기록대로 갈릴리 해변에서 사역을 시작하십니다.

282

산상수훈

Jesus' teachings on the mountains

 마태복음 5~7장

point *1* 예수님께서 가르쳐주신 하나님 나라는 하나님을 '아버지'라 부르는 나라입니다.

point *2* 예수님께서는 하나님의 마음으로 제사장 나라 율법을 해석하며 순종해야 함을 가르쳐주십니다.

point *3* 예수님께서는 구제, 기도, 용서, 금식에 대해 이렇게 하라고 가르쳐주십니다.

point *4* 하나님 나라는 한 영혼이 천하보다 소중한 나라입니다.

point *5* 예수님께서는 하나님 나라 백성이 하나님과 이웃과의 관계에서 실천해야 할 것을 가르쳐주십니다.

283

예수님과 제사장 나라
Jesus and A Kingdom of Priests

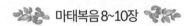 마태복음 8~10장

point 1 예수님께서는 나병 환자를 고쳐주시고 제사장 나라의 정결법대로 제사장에게 보내십니다.

point 2 예수님께서는 직접 '손'으로 병자들을 만지시고 고쳐주십니다.

point 3 사복음서는 하나님께서 호세아 선지자를 통해 말씀하신 '하나님의 긍휼이 불붙는 사랑 이야기'입니다.

point 4 예수님께서는 약한 자들의 비빌 언덕이 되어주십니다.

point 5 예수님께서는 '사도행전 30년'을 준비하시며 '공생애 3년'을 동행할 제자들을 부르십니다.

예수님의 멍에를 메면
If you take Jesus' yoke

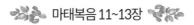 마태복음 11~13장

point 1   선지자 세례 요한의 등장은 선지자 이사야와 선지자 말라기를 통한 하나님의 말씀이 성취된 것입니다.

point 2   세상이 주는 무거운 멍에 대신 예수님께서 주시는 쉬운 멍에를 멘 제자들은 결국 예수님의 증인인 '사도'가 됩니다.

point 3   예수님께서는 창조 때 시작된 '안식일의 주인'이 예수님 자신임을 말씀하십니다.

point 4   예수님께서는 '선지자 요나보다 더 큰 이'가 예수님이라고 말씀하시며 십자가 죽음과 부활을 예고하십니다.

point 5   마태는 예수님께서 가르쳐주신 하나님 나라에 대한 일곱 가지 비유를 모두 정리해서 기록으로 남겼습니다.

285

예수님의 치유 사역
Jesus' healing ministry

마태복음 14~16장

point *1* 하나님께서는 창조 이래 지속적으로 인생들에게 치유를 행하셨습니다.

point *2* 예루살렘에 있는 산헤드린 공회는 바리새인과 서기관들을 갈릴리로 파견해 예수님과 논쟁을 벌이게 합니다.

point *3* 예수님께서는 병자들을 치유하시며 긍휼의 마음, 예수님의 신성, 그리고 예수님의 손을 모두 사용하셨습니다.

point *4* 바리새인들과 사두개인들은 서로 다른 부류였는데 예수님과 맞설 때에는 공동전선을 펼칩니다.

point *5* 예수님께서는 베드로의 신앙고백 이후 공개적으로 십자가 사역을 말씀하십니다.

천국에서 큰 자, 세 가지 조건

The three conditions to become a big person in heaven

 마태복음 17~20장

point *1* 예수님께서 변화산에서 율법의 대명사인 모세와 선지자의 대명사인 엘리야와 대화를 나누신 것은 예수님께서 '율법과 선지자를 완전하게 하시는 분'임을 상징한 것입니다.

point *2* 천국에서 큰 사람은 어린아이와 같이 자기를 낮추는 사람, 작은 자를 업신여기지 않는 사람, 그리고 잃은 양 한 마리의 소중함을 아는 사람입니다.

point *3* 예수님께서는 예루살렘에 입성하시기 전 유대와 베뢰아 지역에서 사역하십니다.

point *4* 부자 청년은 천국을 소유하기 위해 값진 진주를 사는 사람으로까지는 나아가지 못합니다.

point *5* 예수님께서는 예루살렘 입성 전에 예수님이 대제사장들과 서기관들에게 넘겨질 것과 이방인들(로마)에게 조롱받고 채찍질당하며 십자가에 못 박힐 것을 예고하십니다.

287

예수님의 논쟁 스페셜

Jesus' debate special

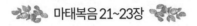 마태복음 21~23장

point *1* 예수님께서는 마지막 일주일을 예루살렘에서 보내십니다.

point *2* 예수님의 예루살렘 입성, 성전 청결 사건, 그리고 성전에서
의 가르침은 산헤드린 공회의 본격적인 예수님에 대한 공
격으로 이어집니다.

point *3* 예수님께서는 산헤드린 공회 세력과 세금, 부활, 그리고 계
명에 관해 공개적인 논쟁을 하시며 부딪치십니다.

point *4* 산헤드린 공회 세력은 예수님과의 논쟁에서 이길 수 없다
는 것을 깨닫고 예수님을 죽일 모략을 꾸미기 시작합니다.

point *5* 예수님께서는 산헤드린 공회 세력들에 대해 일곱 가지 이
유로 책망하시며 그들에게 심판을 선언하십니다.

288

예수님의 종말 이야기
Jesus' story about the end

마태복음 24~25장

point *1*　예수님의 종말에 대한 말씀은 60여 년 후 사도 요한이 밧모섬에서 쓰게 될 〈요한계시록〉의 밑그림이 됩니다.

point *2*　예수님께서는 제자들에게 종말에 관해 가르쳐주시며 예수님의 재림을 예고하십니다.

point *3*　예수님께서는 예수님의 재림 시기는 하늘의 천사도 모르고 오직 아버지만 아신다고 말씀하십니다.

point *4*　예수님께서 예수님의 재림을 기다리며 소망하는 그리스도인들의 올바른 삶의 자세에 대해 가르쳐주십니다.

point *5*　예수님께서는 양과 염소 비유를 통해 하나님의 심판 기준에 대해 말씀하십니다.

십자가, 모든 민족
The cross, All Nations

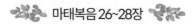

마태복음 26~28장

point *1*   예수님께서는 제자들과 1,500년 된 유월절을 마지막으로 지키시고 그 유월절을 첫 번째 성찬식으로 바꾸십니다.

point *2*   예수님께서 첫 번째 산헤드린 공회 재판을 받으십니다.

point *3*   로마 총독 빌라도는 예수님을 재판하며 세 가지 시도와 세 가지 명령을 내립니다.

point *4*   예수님의 십자가 수난 예고는 산헤드린 공회와 로마 총독 빌라도의 협력으로 실제가 됩니다.

point *5*   아브라함에게 주신 '모든 민족'을 향한 하나님의 꿈은 2,000년 후 예수님께서 부활하시고 제자들에게 '모든 민족을 제자로 삼으라'고 명하심으로 완성됩니다.

복음, 하나님 나라

Gospel, The Kingdom of God

🌿 마가복음 1~3장 🌿

point *1* 마가는 이사야 선지자와 말라기 선지자가 예언한 선지자 세례 요한의 기록으로 '하나님 나라 복음' 이야기를 시작합니다.

point *2* 예수님께서 세례 받으실 때 비둘기같이 임하신 성령께서는 예수님을 몰아내어 광야로 가게 하십니다.

point *3* 죄인을 부르러 이 땅에 오신 예수님께서는 중풍병자의 죄도 용서해주십니다.

point *4* 안식일의 주인 되신 예수님께서는 안식일에 많은 병자를 치유하십니다.

point *5* 예수님과 공생애 3년을 동행한 제자들도 예수님만큼 바빴기에 식사할 겨를이 없었습니다.

난 예수가 참 좋다

I love Jesus

마가복음 4~6장

point 1 사랑 때문에 피곤하셨던 예수님께서는 큰 파도가 치는 배에서도 주무시고 계십니다.

point 2 예수님께서는 밤에 풍랑을 뚫고 상한 갈대 같은 거라사 광인을 찾아가십니다.

point 3 예수님께서는 고침 받은 거라사 광인을 그의 가족들에게 돌려보내 그가 속한 공동체의 기쁨을 만드십니다.

point 4 예수님의 제자들은 구원 사역을 위해 음식 먹을 겨를도 없이 움직였습니다.

point 5 예수님께서 바다 위를 걸으신 것은 제자들의 수고를 덜어주시기 위함입니다.

예수님의 손끝 대화

Jesus' loving conversations

 마가복음 7~8장

point *1* 예수님께서는 귀 먹고 말 더듬는 병자를 데리시고 무리를
떠나 사람들이 없는 곳에서 그를 고쳐주십니다.

point *2* 예수님께서는 3일 동안 하나님 나라를 배운 사람들을 칠병
이어의 기적으로 먹이십니다.

point *3* 하나님 나라의 누룩은 커져야 하지만 바리새인과 헤롯의
누룩은 주의해야 합니다.

point *4* 예수님의 손끝에는 긍휼의 마음과 신성이 담겨 있습니다.

point *5* 사람들은 예수님을 세례 요한, 엘리야, 예레미야 같다고 말
했습니다.

293

변화산의 예수님

Jesus transfigured on the mount

마가복음 9~10장

point *1* 베드로와 야고보와 요한은 예수님의 공생애 3년 동안 하나님의 놀라운 영광을 두 번 체험합니다.

point *2* 예수님께서는 제자들에게 귀신을 쫓아내며 병자들을 고칠 수 있도록 믿음과 능력을 갖게 하십니다.

point *3* 예수님께서는 제자들에게 '누구든지'와 '모든 민족'을 가르치십니다.

point *4* 예수님께서는 제자들에게 세상 나라에서 큰 자와 하나님 나라에서 큰 자를 비교하여 가르쳐주십니다.

point *5* 부자 청년은 많은 재물 때문에 예수님을 떠났으나 거지 맹인 바디매오는 겉옷조차 버리고 예수님께 뛰어갑니다.

마지막 일주일

The last week

🌿 **마가복음 11~13장** 🌿

point *1* 예수님께서는 예루살렘에 입성하심으로 최후의 사명을 향해 한 걸음 더 나아가십니다.

point *2* 예수님께서는 제자들에게 무화과나무가 말라버린 사건을 가지고 '믿음'과 '기도'에 관한 가르침을 주십니다.

point *3* 세금은 고대로부터 오늘날까지 언제나 예민한 정치 문제입니다.

point *4* 예수님께서는 예수님의 가르침에 동의한 한 서기관에게 그가 하나님 나라에서 멀지 않다고 칭찬하십니다.

point *5* 베드로, 야고보, 요한, 안드레는 예수님께 세상 끝의 징조에 대해 질문합니다.

마지막 유월절과 첫 번째 성찬식
The last Passover and the first communion

 마가복음 14~16장

point *1* 예수님께서는 십자가 지시기 전날 밤 마지막 유월절을 첫 번째 성찬식으로 바꾸십니다.

point *2* 예수님께서 공생애를 시작하면서는 광야 기도를, 십자가를 앞두고는 겟세마네 기도를 드리십니다.

point *3* 산헤드린 공회 세력들은 예수님의 십자가 처형을 위해 어마어마한 큰 비용을 지출했습니다.

point *4* 예수님께서 이 땅에 오실 때에는 가난한 요셉의 헌신을 받으셨고 십자가를 지신 후에는 부자 요셉의 헌신을 받으셨습니다.

point *5* 부활하신 예수님께서는 제자들에게 곧 다가오는 오순절에 일어날 '새 방언'에 대해 예고하십니다.

296

열두 살 때 유월절

Passover at 12 years old

누가복음 1~2장

point *1* 하나님을 사모하는 두 여인 엘리사벳과 마리아의 순종을
통해 인류 역사에 있어 가장 위대한 사건이 시작됩니다.

point *2* 제사장 사가랴의 아들로 태어난 세례 요한은 성전이 아닌
광야에서 생활합니다.

point *3* 예수님의 베들레헴 탄생은 800년 전 미가 선지자의 예언과
로마 황제의 호적 명령이 맞물린 이야기입니다.

point *4* 아기 예수님이 이 땅에 오셨을 때 동방박사들은 예물을 바
쳤고 베들레헴의 목자들은 경배하고 찬양했으며 시므온은
감사기도를 드렸습니다.

point *5* 누가는 예수님께서 어린 시절 부모와 함께 해마다 제사장
나라의 유월절을 지키셨다고 기록합니다.

40일 광야 금식

40 days of fasting in the desert

누가복음 3~4장

point *1* 누가는 선지자 세례 요한을 역사가답게 소개합니다.

point *2* 헬라 출신 역사가 누가는 역대기의 이스라엘 역사를 공부한 후 예수님 족보를 기록했습니다.

point *3* 하나님께서는 사람들의 마음을 시험하심으로 더 깊고 위대한 하나님의 사람으로 세워가십니다.

point *4* 누가는 예수님의 가르침이 〈이사야〉의 기록인 '성령의 능력으로 임하는 복음'으로 시작했다고 기록합니다.

point *5* 예수님께서는 가버나움에서 해질 무렵부터 날이 밝을 때까지 일일이 병자들에게 손을 얹어 그들을 고쳐주셨습니다.

훈련과 동행

Discipline and walking together

 누가복음 5~6장

point *1* 목동이었던 다윗은 왕으로 세워졌고, 어부였던 베드로는 대표 사도로 세워집니다.

point *2* 마태는 자신의 집에서 잔치를 준비하여 많은 세리와 죄인 들이 예수님을 만날 수 있도록 도왔습니다.

point *3* 경제적 중산층들인 바리새인들은 굶주린 이들의 심정을 이해하지 못했습니다.

point *4* 누가는 예수님께서 제자들을 부르시기 전에 '밤이 새도록' 하나님께 기도하셨다고 기록합니다.

point *5* 누가는 '복과 화'를 대비함으로 하나님 나라에서의 복이 이 땅에서의 복과 다름을 강조합니다.

놀라운 믿음, 백부장
Amazing faith of the centurion

누가복음 7~8장

point *1* 　누가는 데오빌로에게 〈누가복음〉과 〈사도행전〉에서 예수님을 월등하게 믿은 로마 군대 백부장 두 명을 소개합니다.

point *2* 　예수님께서는 아들을 잃은 과부를 불쌍히 여기시며 그 과부의 죽은 아들을 살려주십니다.

point *3* 　예수님께서는 한 비유를 통해 바리새인 시몬의 생각을 바로잡아주십니다.

point *4* 　누가는 예수님과 함께한 사람들이 자기들의 소유를 팔아 섬겼다고 기록합니다.

point *5* 　예수님께서는 하나님의 말씀을 듣고 행하는 사람들이 하나님 나라의 가족이라고 가르치십니다.

사마리아의 회복
The recovery of Samaria

 누가복음 9~10장

point *1* 누가는 변화산에서 있었던 예수님과 모세와 엘리야의 대화 내용을 밝힙니다.

point *2* 사마리아를 향한 하나님의 긍휼 800년은 예수님의 사마리아 사랑으로 나타납니다.

point *3* 예수님께서는 제자들에게 삶의 우선순위를 하나님 나라에 두어야 한다고 가르쳐주십니다.

point *4* 모세 때에 70명의 장로를 세운 것처럼 예수님께서는 70명의 제자를 세워 파송하십니다.

point *5* 예수님께서는 "내 이웃이 누구입니까?"라고 묻는 율법교사의 질문을 "강도 만난 자의 이웃이 누구인가?"라는 질문으로 바꿔주십니다.

바리새인들과 율법교사들 책망

Reproaching of the Pharisees and teachers of the law

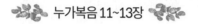 누가복음 11~13장

point *1* 예수님께서는 기도의 모범을 보여주시고, 올바른 기도의 태도를 가르쳐주십니다.

point *2* 누가는 예수님께서 각각 세 가지씩의 이유를 들어 바리새인들과 율법교사들을 책망하셨다고 기록합니다.

point *3* 예수님께서는 한 부자의 비유를 통해 어디에 가치를 두고 살아야 하는지를 가르쳐주십니다.

point *4* 예수님께서는 마지막 때를 준비하는 그리스도인의 자세에 대해 가르쳐주십니다.

point *5* 하나님의 은혜로 모든 이에게 열려 있던 구원의 문이 닫히게 되는 날이 이를 것입니다.

돈을 좋아하는 바리새인

Pharisees and their love for money

누가복음 14~16장

point 1 예수님 당시 바리새인들에게 잔치는 경건의 도수를 재는 일환이었습니다.

point 2 예수님께서는 제자가 되기 위한 준비를 비유를 통해 가르쳐주십니다.

point 3 예수님께서는 잃은 양을 찾기 원하시는 하나님의 마음을 세 가지 비유로 가르쳐주십니다.

point 4 예수님께서는 하나님과 재물을 겸하여 섬길 수 없다고 가르쳐주십니다.

point 5 바리새인들은 하나님과 재물을 겸하여 섬기는 자들입니다.

예수, 하나님의 나라
Jesus, The Kingdom of God

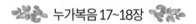 누가복음 17~18장

point *1* 예수님께서 가르쳐주신 제자는 '충성을 다한 후에 나는 무익한 종'이라고 고백하는 사람입니다.

point *2* 예수님께서 이 땅에 오심으로 이루신 하나님 나라를 바리새인들은 끝내 이해하지 못합니다.

point *3* 예수님께서는 '두 가지 비유'를 통해 기도를 가르쳐주십니다.

point *4* 바리새인들과 세리와 죄인들은 세 가지 차이점이 있습니다.

point *5* 인과율에 사로잡혀 있는 바리새인들은 하나님의 긍휼을 이해할 수 없었습니다.

알기 쉬운 비유
Easy parables

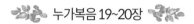 누가복음 19~20장

point *1*   여리고의 맹인 바디매오처럼 여리고의 세리장 삭개오도
예수님의 소문을 듣고 예수님을 만나고 싶었습니다.

point *2*   예수님께서는 므나 비유를 통해 하나님 나라를 가르쳐주
십니다.

point *3*   누가는 예수님께서 탄생하실 때와 예루살렘에 입성하실 때
"하늘에는 평화요 가장 높은 곳에는 영광"이라는 찬양을 받
으셨다고 기록합니다.

point *4*   누가는 예수님과 종교 지도자들의 네 가지 논쟁을 기록합
니다.

point *5*   예수님께서는 종교 지도자들과 논쟁을 끝내신 후 그들의
위선을 밝히시며 경고하십니다.

기다린 최후의 만찬
The awaited last supper

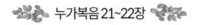 누가복음 21~22장

point *1* 예수님께서는 세상 나라에서의 세금과 하나님 나라에서의
헌금에 대해 가르쳐주십니다.

point *2* 예수님께서는 '모든 민족'에게 복음이 전해진 후 큰 영광으
로 다시 오실 것을 약속하십니다.

point *3* 누가는 예수님께서 베드로와 요한, 두 제자를 통해 마지막
유월절을 준비하게 하셨다고 기록합니다.

point *4* 누가는 감람산에서 예수님께서 기도하실 때에 땀방울이
핏방울 같으셨다고 기록합니다.

point *5* 예수님께서는 당신의 두 손이 묶이기 직전 그 손으로 대제
사장의 종의 귀를 치료해주십니다.

306

영광과 평화로의 증인
Witnesses of glory and peace

누가복음 23~24장

point *1* 누가는 예수님의 재판을 산헤드린 공회 1차 재판, 빌라도 1차 재판, 헤롯 재판, 그리고 빌라도 2차 재판 순서로 상세히 기록합니다.

point *2* 누가는 예수님의 십자가형 언도부터 십자가 죽음까지 순차적으로 그림을 그리듯 묘사합니다.

point *3* 예수님께서는 공개적으로 수차례에 걸쳐 십자가 수난과 부활을 말씀하셔서 심지어 산헤드린 공회까지도 이를 대비해 예수님의 무덤을 지켰습니다.

point *4* 역사가인 누가는 예수님께서 부활하신 후 엠마오로 가는 두 제자와 나누신 대화의 내용까지도 자세히 기록했습니다.

point *5* 누가는 예수님께서 승천하시기 전에 말씀하신 '이 성에 머물라'는 기록으로 〈누가복음〉의 끝을 맺음으로 〈사도행전〉 기록을 예고합니다.

말씀의 빛 되신 예수님

Jesus who became light

요한복음 1~3장

point *1* 사도 요한은 예수 그리스도를 빛이요, 말씀이라고 소개합니다.

point *2* 세례 요한은 예수 그리스도를 하나님의 어린 양으로 소개합니다.

point *3* 사도 요한은 예수 그리스도의 신성을 나타내기 위해 그리스도께서 베푸신 많은 기적 중에서 일곱 가지만 택해 기록합니다.

point *4* 예수님께서는 니고데모와의 대화를 통하여 '거듭남'은 하나님의 아들을 믿음으로 영생을 얻는 것이라고 말씀하십니다.

point *5* 세례 요한이 바라보는 예수님의 모습은 다섯 가지입니다.

참된 예배

A true worship

 요한복음 4~6장

point 1   예수님께서 사마리아 여인과 나눈 대화의 주제는 '참된 예배'였습니다.

point 2   예수님께서는 베데스다 못가의 한 병자에게 38년 만에 진정한 명절과 안식일을 맛보게 해주십니다.

point 3   예수님께서는 구약성경이 예수님 자신에 대하여 증언하는 것이라고 말씀하십니다.

point 4   사도 요한은 예수님의 자기 선언 표현 일곱 가지를 소개합니다.

point 5   예수님의 가르침을 받고 난 후 사람들의 반응은 두 가지로 극명하게 갈립니다.

예수님과 초막절

Jesus and the festival of tents

 요한복음 7~8장

point *1* 예수님의 형제들이 예수님께 초막절에 예루살렘에 가서
메시아로서 표적을 보이라고 말합니다.

point *2* 예수님께서는 제사장 나라의 1,500년 된 초막절 명절을 '생
수의 강'으로 새롭게 바꾸십니다.

point *3* 사도 요한은 당시 사람들 사이에서 예수님에 대한 논쟁이
많았다고 증언합니다.

point *4* 예수님께서는 땅에 글을 쓰시며 손에 돌을 들고 있는 자들
을 진정시키십니다.

point *5* 사도 요한은 예수님과 유대인들의 '자유'에 대한 논쟁을 자
세히 기록했습니다.

선한 목자

The good shepherd

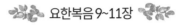 요한복음 9~11장

point *1* 믿음의 순종이 기적을 일으킵니다.

point *2* 율법의 부분만 붙들고 있는 바리새인들은 율법을 완전하
게 하신 예수님을 이해하지 못했습니다.

point *3* 선한 목자이신 예수님께서는 양을 위하여 목숨까지 버린
다고 말씀하십니다.

point *4* 예수님께서 수전절에 솔로몬 행각에서 가르치십니다.

point *5* 예수님께서 죽은 나사로를 살림으로 생명의 주관자임을
밝히 드러내십니다.

예수님과 새 계명

Jesus and the new command

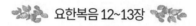

요한복음 12~13장

point *1* 사도 요한은 마지막 유월절 엿새 전에 예수님께서 베다니
의 나사로 집에서 머무셨다고 증언합니다.

point *2* 사도 요한은 예수님께서 예루살렘에 입성하시는 날 이방
인들(헬라인들)이 예수님을 찾아왔다고 증언합니다.

point *3* 사도 요한은 많은 유대인이 예수님의 표적을 보고도 예수
님이 하나님의 아들이심을 믿지 않았다고 증언합니다.

point *4* 사도 요한은 마지막 유월절에 예수님께서 제자들의 발을
씻어주셨다고 증언합니다.

point *5* 사도 요한은 마지막 만찬 때에 예수님께서 새 계명을 주셨
다고 증언합니다.

보혜사 성령
The holy spirit spirit as comforter

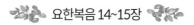 요한복음 14~15장

point 1 　사도 요한은 예수님께서 마지막 유월절과 첫 번째 성찬식 때에 제자들과 많은 대화를 나누셨다고 증언합니다.

point 2 　예수님께서 승천하신 이후에 성부 하나님께서는 성자 예수님의 이름으로 성령님을 제자들에게 보내십니다.

point 3 　예수님께서는 하나님과 예수님과 제자들(그리스도인) 사이를 포도나무 비유로 말씀해주십니다.

point 4 　하나님께서 아브라함을 친구로 삼으셨듯이 예수님께서도 제자들을 친구로 삼아주십니다.

point 5 　예수님께서는 세상이 예수님을 미워한 것처럼 제자들(그리스도인)도 미워할 것이라고 미리 말씀해주십니다.

하나님의 영광을 위한 기도

Prayer for God's glory

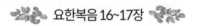

요한복음 16~17장

point *1*   예수님께서는 제자들에게 보혜사 성령님을 소개하십니다.

point *2*   예수님께서는 장차 환난 당하게 될 제자들에게 하나님 아 버지께서 세상을 이길 힘을 주실 것이라고 약속하십니다.

point *3*   예수님께서는 예수님 자신과 하나님의 영광을 위한 기도 를 드리십니다.

point *4*   예수님께서는 제자들을 위해 중보기도를 드리십니다.

point *5*   예수님께서는 하나님 나라의 모든 백성을 위해 중보기도 를 드리십니다.

314

십자가, 하늘 지성소

The cross, the heaven's Most Holy Place

 요한복음 18~19장

point *1*   예수님께서 1차 산헤드린 공회의 재판을 받으십니다.

point *2*   예수님의 십자가에는 네 가지 배경이 있습니다.

point *3*   예수님께서는 십자가 6시간 동안 일곱 가지 말씀을 하십니다.

point *4*   예수님께서 "다 이루었다"라고 말씀하시는 '그 순간' 제사장 나라 그릇이 더 큰 하나님 나라 그릇에 담깁니다.

point *5*   예수 십자가의 대속은 '하나님이 사랑이시라'의 증거입니다.

315

부활, 가장 위대한 승리

Resurrection, the greatest victory

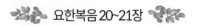

요한복음 20~21장

point *1*   예수님께서는 3일 만에 사망 권세를 모두 깨뜨리시고 부활의 첫 열매가 되십니다.

point *2*   예수님께서는 3년 동안 늘 함께했던 제자들을 3일 만에 다시 만나십니다.

point *3*   사도 요한은 부활하신 예수님을 오랜 시간 후 밧모섬에서 다시 만나 뵙습니다.

point *4*   사도 요한은 부활하신 주님이 제자들과 함께 마치 마지막 유월절 때처럼 다시 한번 음식을 나누셨다고 증언합니다.

point *5*   사도 요한은 예수님께서 조반을 드신 후 베드로와 자신에게 사명을 부여하셨다고 증언합니다.

열리는 제자 시대
The Disciple Era

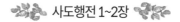
사도행전 1~2장

point *1* '사도행전 30년'은 대제사장들과 사도들의 대립 속에서 하나님 나라가 땅끝까지 전파되는 분위기입니다.

point *2* 40일 금식으로 공생애를 시작하신 예수님께서는 부활 후 40일을 이 땅에 머무시면서 제자들에게 하나님 나라 일을 말씀해주셨습니다.

point *3* 광야 40년 만에 만나세대가 탄생했듯이 예수님의 3년 공생애 만에 제자세대가 탄생합니다.

point *4* 하나님의 성령이 오순절 날 예루살렘 성전이 아닌 마가 다락방의 제자들에게 임하십니다.

point *5* 성령 받은 제자들에 의해 하나님의 은혜의 복음을 전하는 예루살렘 교회가 시작됩니다.

2차 산헤드린 공회

The second Sanhedrin Assembly

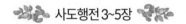 사도행전 3~5장

point *1* 베드로는 예수님께서 선지자들의 기록대로 오셨다고 솔로 몬 행각에서 두 번째 공개 연설을 합니다.

point *2* 베드로와 요한은 예수님께서 재판받으셨던 '1차 산헤드린 공회' 재판 자리에서 '2차 산헤드린 공회' 재판을 받습니다.

point *3* 베드로는 2차 산헤드린 공회 재판에서 예수님께서 부활하 셨다고 공개 증언합니다.

point *4* 초기교회는 예수님의 부활을 증언하며 유무상통으로 오병 이어의 기적을 일으켰습니다.

point *5* 사도들을 향한 사두개파 사람들의 시기로 사도들은 '3차 산헤드린 공회' 재판을 받게 됩니다.

스데반 순교
Stephen's martyr

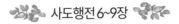 사도행전 6~9장

point *1* 예루살렘 교회는 산헤드린 공회의 압박 속에 내부 분배의 불평을 해결할 일곱 일꾼을 세웁니다.

point *2* 산헤드린 공회는 스데반을 잡아들여 4차 산헤드린 공회 재판을 엽니다.

point *3* 스데반은 산헤드린 공회원들에게 구약성경 전체와 예수님 이야기를 통(通)으로 묶어서 전해줍니다.

point *4* 스데반 순교 후 일곱 일꾼 중 하나인 빌립이 사마리아성에 복음을 전합니다.

point *5* 예수님께서 스데반은 하나님 보좌 우편에 서서 기다려주시고, 사울은 다메섹 도상으로 찾아가셔서 만나주십니다.

고넬료의 성령 충만

Cornelius full of the Holy Spirit

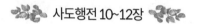 사도행전 10~12장

point *1* 누가는 데오빌로에게 또 한 명의 백부장 고넬료를 소개합니다.

point *2* 베드로는 고넬료를 만나 '복음, 비로소 모든 민족(All Nations)과 함께'의 의미를 깨닫습니다.

point *3* 베드로는 예루살렘 교회에 이방인인 고넬료 가정에 성령 강림의 역사가 일어났다고 보고합니다.

point *4* 예루살렘 교회는 사마리아에 베드로와 요한을 파송했듯이 안디옥에 바나바를 파송합니다.

point *5* 헤롯 아그립바 1세는 산헤드린 공회와 유대교 유대인들의 마음을 얻기 위해 요한의 형제 야고보를 처형합니다.

320

예루살렘 공의회
The Jerusalem Council

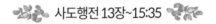 사도행전 13장~15:35

point *1* 예루살렘 교회와 안디옥 교회가 서로 돕습니다.

point *2* 누가는 당시 여러 전도팀들 가운데 바울의 전도여행 팀을 샘플로 〈사도행전〉에 기록합니다.

point *3* 바울과 바나바는 안디옥 교회 파송으로 1차 전도여행을 약 2년 동안 수행합니다.

point *4* 안디옥 교회는 '이방인의 할례 문제'에 대해 예루살렘 공의 회의 판단을 받기로 합니다.

point *5* 예루살렘 공의회는 구원은 '오직 십자가'로 받음을 결의합 니다.

321

바울의 2차 전도여행

Paul's second Sanhedrin Assembly

사도행전 15:36~18:22

point *1* 바울은 예루살렘 공의회 공문의 '우리가 사랑하는 바울' 기록 덕분에 단독으로 전도팀을 꾸려 2차 전도여행을 떠나게 됩니다.

point *2* 바울은 1차 전도여행지들을 재방문하여 예루살렘 공의회의 결과를 전하며 교회들에게 도움과 용기를 줍니다.

point *3* 바울 전도팀은 성령님의 인도하심에 따라 유럽으로 건너가 복음을 전합니다.

point *4* 바울은 2차 전도여행 중 빌립보 교회를 세운 뒤 데살로니가, 베뢰아, 아덴에서 복음을 전합니다.

point *5* 바울은 2차 전도여행 중 고린도에서 1년 6개월 동안 머물며 데살로니가에 두 통의 편지를 써서 보냅니다.

재림과 부활에 대한 가르침

Teachings on Jesus' Second Coming and Resurrection

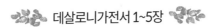
데살로니가전서 1~5장

point *1* 성경에는 많은 편지가 들어 있습니다.

point *2* 바울은 2차 전도여행 기간 중 고린도에서 〈데살로니가전·후서〉와 〈갈라디아서〉를 써서 보냅니다.

point *3* 바울은 유대교 유대인들의 박해로 데살로니가를 떠날 수밖에 없었다고 회상합니다.

point *4* 바울은 디모데를 세워 데살로니가 교회와 소식을 주고받습니다.

point *5* 바울은 데살로니가 교회가 소망 가운데 살게 하기 위해 재림과 성도의 부활에 대해 가르칩니다.

재림과 종말에 대한 바른 자세

The right attitude to have about Jesus' Second Coming
and the End

✿✿ 데살로니가후서 1~3장 ✿✿

point *1*   바울은 〈데살로니가후서〉를 시작하며 데살로니가 성도들
         을 따뜻하게 칭찬해줍니다.

point *2*   바울은 핍박 가운데 있는 데살로니가 성도들이 하나님의
         부르심에 합당한 영광의 자리에 서게 될 것을 하나님께 간
         구합니다.

point *3*   바울은 데살로니가 성도들에게 재림과 종말에 대한 바른
         자세를 가르쳐줍니다.

point *4*   바울은 데살로니가 성도들에게 주의 재림의 때를 위한 최
         선의 준비는 기록된 성경으로 무장하는 것이라고 가르칩
         니다.

point *5*   바울은 재림에 대해 끝내 오해하는 자들을 경고하며 실생
         활에서의 해결책을 제시해줍니다.

324

오직 십자가
Only Cross

 갈라디아서 1~3장

point 1   바울의 '오직 십자가' 주장은 초기의 편지인 〈갈라디아서〉
와 후기의 편지인 〈로마서〉에 담겨 있습니다.

point 2   바울은 안디옥 교회에서 당면했던 율법과 할례 문제를 갈
라디아 교회에서도 당면합니다.

point 3   바울은 예루살렘 공의회의 결론인 '이신칭의(以信稱義)'를
갈라디아 교회에 가르칩니다.

point 4   바울은 아브라함을 예로 들어 믿음으로 구원받음을 다시
한번 가르칩니다.

point 5   바울은 율법을 예수님께로 인도하는 초등교사라고 가르칩
니다.

325

성령의 열매를 맺으라
Bear the fruits of the Holy Spirit

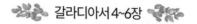
갈라디아서 4~6장

point *1*   바울은 후견인과 청지기 비유로 율법의 역할을 가르칩니다.

point *2*   바울은 율법과 복음의 차이를 아브라함 가정의 이야기로 비교하여 가르칩니다.

point *3*   바울은 〈갈라디아서〉에서 그리스도인의 자유를 선포합니다.

point *4*   바울은 성령의 아홉 가지 열매를 가르칩니다.

point *5*   바울은 선을 행할 때 열매가 없다고 낙심하지 말라고 가르칩니다.

바울의 3차 전도여행
Paul's third missionary journey

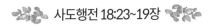

사도행전 18:23~19장

point *1*   바울은 4년여에 걸친 3차 전도여행 중에 에베소에서 〈고린도전·후서〉를, 그리고 고린도에서 〈로마서〉를 씁니다.

point *2*   바울의 동역자인 브리스길라와 아굴라는 아볼로가 고린도 교회에서 사역할 수 있도록 돕습니다.

point *3*   오순절 예루살렘에서 120명에게 임했던 성령 강림 사건이 바울의 3차 전도여행 중 에베소에서 열둘쯤 되는 이들에게 임합니다.

point *4*   바울은 2차 전도여행 중 1년 6개월 동안 고린도 교회를 세웠고, 3차 전도여행 중 3년 동안 에베소 교회를 세웠습니다.

point *5*   고린도 법정에서는 아가야 총독 갈리오가, 에베소에서는 에베소 서기장이 바울에게 유리한 판결을 내립니다.

327

너희 몸이 성전

Your bodies are the temples of Christ

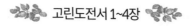 고린도전서 1~4장

point *1* 〈고린도전·후서〉는 바울의 3차 전도여행과 함께 읽는 편지입니다.

point *2* 고린도 교회는 바울파, 아볼로파, 게바파, 그리스도파로 나뉘었습니다.

point *3* 바울은 고린도에서 전도할 때에 사람의 말과 지혜가 아닌 오직 예수 십자가의 복음만 전했다고 고백합니다.

point *4* 바울은 예수 십자가 그 순간, '너희 몸이 성전'이 되었다고 가르칩니다.

point *5* 바울은 고린도 교회를 돕기 위해 〈고린도전서〉를 쓰고 디모데를 보냅니다.

성도 간의 분쟁 문제
Divisions between the church members

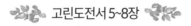
고린도전서 5~8장

point *1*   바울은 고린도 교회가 가지고 있던 음행 문제에 대해 가르
칩니다.

point *2*   바울은 성도 간의 송사 문제에 대해 가르칩니다.

point *3*   바울은 고린도 성도들에게 우리 몸은 하나님의 소유라고
가르칩니다.

point *4*   바울은 고린도 성도들에게 결혼에 대해서는 심사숙고하여
개인적인 의견으로 권면합니다.

point *5*   바울은 우상 제물에 관한 문제의 해결책으로 '사랑'을 말합
니다.

329

예수 그리스도를 아는 지식

Knowledge of Jesus Christ

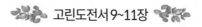

고린도전서 9~11장

point *1* 바울은 자신의 사도 됨의 증거가 바로 고린도 성도들이라
고 말합니다.

point *2* 바울은 고린도 성도들에게 자신은 복음을 위하여 사도의
권리를 사용하지 않았다고 말합니다.

point *3* 바울은 고린도 성도들에게 우상숭배의 문제들을 가르치기
위해 이스라엘 역사를 되짚으며 우상숭배의 고리를 끊게
합니다.

point *4* 바울은 창조의 질서를 통해 그리스도, 남자와 여자, 그리고
하나님의 관계를 설명합니다.

point *5* 바울은 고린도 성도들에게 예수님의 첫 번째 성찬식을 다
시 한번 강조하며 교육합니다.

330

그리스도인이란?
What is a Christian?

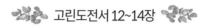
고린도전서 12~14장

point 1 바울은 하나님께서 주신 선물인 은사는 교회 안에 차별을 두기 위함이 아니고 더 큰 화목을 이루기 위함이라고 가르칩니다.

point 2 바울은 그리스도인이란 머리 되신 예수 그리스도께 연결된 각 지체라고 가르칩니다.

point 3 바울은 사랑의 본질은 삶 속에서 실천하는 사랑이라고 가르칩니다.

point 4 바울은 교회에 덕을 세울 수 있는 예언의 은사를 권장합니다.

point 5 바울은 모든 은사는 교회 공동체의 덕을 세우기 위한 것이라고 가르칩니다.

부활의 증인들

Witnesses of resurrection

고린도전서 15~16장

point *1* 바울은 고린도 성도들에게 부활을 소망하며 살아가도록
권고합니다.

point *2* 바울은 부활하신 예수님께서 성도들이 부활할 것을 보증
하신다고 가르칩니다.

point *3* 바울은 부활을 체험하고 부활의 증인이 될 성도들의 최후
승리를 가르칩니다.

point *4* 바울은 고린도 성도들에게 자신을 대신해 파송하는 디모
데를 잘 대해달라고 부탁합니다.

point *5* 바울은 아시아 교회들의 문안을 고린도 교회에 전하며 교
회 안에서 서로 문안하라고 편지를 끝맺습니다.

332

너희는 그리스도의 편지
You are the letters of Christ

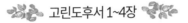

고린도후서 1~4장

point *1* 바울은 앞으로도 계속될 환난을 앞두고 고린도 교회에 중
보기도를 요청합니다.

point *2* 바울은 고린도 교회 방문 계획이 연기되었던 것에 대해 해
명합니다.

point *3* 바울은 고린도 성도들에게 사도직에 대한 자신의 생각을
밝힙니다.

point *4* 바울은 새 언약의 일꾼은 옛 언약의 직분이 갖는 영광과는
비교할 수 없는 큰 영광을 가진 것이라고 가르쳐줍니다.

point *5* 바울은 어떤 상황에서도 낙심하지 않고 복음을 전할 수 있
음을 강조합니다.

마음을 넓히라
Widen your hearts

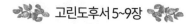
고린도후서 5~9장

point *1* 바울은 자신이 오직 주의 복음만 전할 수 있는 이유는 영원한 생명과 최후 심판을 믿기 때문이라고 말합니다.

point *2* 피스메이커(peacemaker) 사도인 바울은 고린도 성도들에게 마음을 넓히라고 권면합니다.

point *3* 디도를 통해 전해 들은 고린도 교회의 소식은 바울에게 큰 위로와 기쁨이 됩니다.

point *4* 바울은 고린도 교회가 가난한 예루살렘 교회를 돕는 일은 신령한 일만큼이나 중요하다고 가르칩니다.

point *5* 바울은 예루살렘 교회를 돕기 위한 세 명의 구제헌금 위원들을 고린도 교회에 보냅니다.

사도 바울의 영적 체험

Paul's spiritual experience

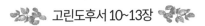
고린도후서 10~13장

point *1* 바울의 사도직 논란은 고린도 교회에서 낮은 자세로 임했던 사역 방식에 대한 오해로부터 시작되었습니다.

point *2* 바울은 사도로서 그동안 겪은 수고와 고난을 고백함으로 자신의 사도직을 증명합니다.

point *3* 바울은 자신의 영적 체험을 말하며 사도직을 증명합니다.

point *4* 바울은 세 번째 고린도 방문 계획을 밝힙니다.

point *5* 바울은 고린도 성도들에게 자신의 세 번째 방문 때까지도 그들이 변화하지 않는다면 징계를 피하지 못할 것이라고 경고합니다.

모든 길은 예수로
All ways through Jesus

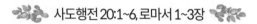 사도행전 20:1~6, 로마서 1~3장

point *1* 바울은 고린도에서 3개월 머무는 동안 〈로마서〉를 써서 로마 교회에 보냅니다.

point *2* 사도 바울의 꿈은 '모든 길은 예수로 통한다'입니다.

point *3* 바울은 복음이란 율법과 선지자를 완전하게 하기 위해 오신 예수 그리스도의 십자가와 부활이라고 말합니다.

point *4* 바울은 하나님의 심판에는 유대인과 이방인의 구별이 없으며 누구도 예외가 없음을 가르칩니다.

point *5* 바울은 율법은 죄를 깨닫게 하고 모든 인간이 심판 아래 있음을 알려주는 것이라고 말합니다.

아담의 불순종과 예수님의 순종
Adam's disobedience and Jesus' obedience

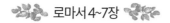 로마서 4~7장

point 1 사도 바울과 마태는 아브라함과 다윗의 예를 들어 성경 전체를 설명합니다.

point 2 바울은 의롭다 하심을 받은 사람의 삶은 화평, 은혜, 소망, 사랑이라고 말합니다.

point 3 바울은 아담의 불순종과 예수님의 순종으로 성경 전체를 요약합니다.

point 4 바울은 예수 그리스도를 기준으로 사람을 옛사람과 새사람으로 구분합니다.

point 5 바울은 죄로부터의 자유, 사망으로부터의 자유에 이어 이제 율법으로부터의 자유를 선언합니다.

장차 나타날 영광
The soon-appearing glory

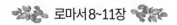
로마서 8~11장

point *1*   바울은 죄를 범함으로 죽을 수밖에 없었던 죄인이 '이신칭의'를 통해 '하나님의 자녀'가 되었다고 말합니다.

point *2*   바울은 현재의 고난은 장차 그리스도인들에게 나타날 영광과 비교할 수 없다고 말합니다.

point *3*   모세와 사도 바울은 동족들을 향한 애끓는 사랑을 표현했습니다.

point *4*   바울은 '복음은 예수를 주로 시인하며 예수의 십자가 죽으심과 부활을 믿는 것'이라고 말합니다.

point *5*   바울은 비록 이방인을 중심으로 복음을 전하지만 여전히 이스라엘의 구원의 은혜는 계속된다고 말합니다.

338

산 제물과 영적 예배

Living sacrifice and spiritual worship

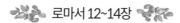 로마서 12~14장

point *1*   바울은 제사장 나라 제물 이야기로 그리스도인의 삶의 영
적 예배를 가르칩니다.

point *2*   바울은 원수의 머리에 숯불을 쌓아놓으라고 말합니다.

point *3*   바울은 하나님께서 세상의 권력인 제국들, 즉 앗수르, 바벨
론, 페르시아, 헬라를 통치하셨고 로마까지도 통치하신다
고 말합니다.

point *4*   바울은 율법의 완성은 '사랑'이라고 가르칩니다.

point *5*   바울은 그리스도인은 하나님을 기쁘시게 하며 사람들에게
칭찬받는 사람이라고 말합니다.

339

복음의 제사장 직분
Priesthood of the gospel

로마서 15~16장

point *1* 아브라함 때부터 시작된 하나님의 '모든 민족'의 꿈은 바울의 '이방 선교'의 땀으로 실현됩니다.

point *2* 예수님의 '모든 민족을 가르치라'의 꿈은 바울의 '이방인 사도의 꿈'으로 피어납니다.

point *3* 예수님의 '땅끝까지'의 유언은 바울의 서바나 전도 계획으로 이어집니다.

point *4* 다메섹 '외톨이'였던 바울이 3차 전도여행 후 자신의 '전도 팀원들'을 로마 교회에 소개합니다.

point *5* 바울은 율법과 선지자를 완전하게 하신 예수님의 복음을 자신의 복음이라고 증거합니다.

340

바울의 5차 산헤드린 공회 재판
Paul's fifth Sanhedrin Assembly trial

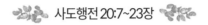 사도행전 20:7~23장

point *1* 바울은 예루살렘을 향하여 가는 도중 밀레도에서 에베소 장로들을 초청하여 마지막 작별 인사를 나눕니다.

point *2* 바울은 오래전 자신이 죽이려 했던 빌립 집사를 가이사랴에서 20년 만에 만나 그의 집에 머뭅니다.

point *3* 바울은 예루살렘 교회에 전도 보고와 구제헌금을 전달한 이후에 성전에서 유대교 유대인들에게 붙잡힙니다.

point *4* 로마 제국의 천부장은 로마 시민인 바울을 위하여 '5차 산헤드린 공회'를 소집합니다.

point *5* 천부장은 5차 산헤드린 공회 후 470명의 로마 군인들을 동원하여 로마 시민인 바울을 총독이 있는 가이사랴로 호송합니다.

바울의 로마 황제 재판 청구

Paul's request for the emperor's trial

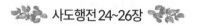

사도행전 24~26장

point 1 산헤드린 공회는 과거 '빌라도 총독 재판'을 통해 예수님을 십자가 처형으로 죽게 했던 것처럼 이번에는 '벨릭스 총독 재판'을 통해 바울을 죽일 계획입니다.

point 2 로마 총독 벨릭스는 그리스도의 도를 알기 위해 또 바울에게 뇌물을 받기 위해 그리고 유대인들의 환심을 얻기 위해 바울을 가이사랴에 2년간이나 가택 연금을 시킵니다.

point 3 바울은 로마 총독 베스도에게 대제사장이 요구하는 6차 산헤드린 공회 재판이 아닌 로마 시민의 권리인 '로마 황제 재판'을 정식으로 요구합니다.

point 4 로마 총독 베스도는 로마 황제에게 보낼 재판 소장 작성을 위해 헤롯 아그립바 왕의 도움을 구합니다.

point 5 바울은 헤롯 아그립바 왕과의 접견 자리를 통해 그에게 복음을 전합니다.

죄수 바울의 로마 도착

Paul arrives in Rome as a prisoner

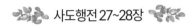
사도행전 27~28장

point *1* 바울은 로마 시민권을 세 번 사용합니다.

point *2* 바울과 함께 죄수 이송선을 탄 누가는 가이사랴에서 로마 까지의 폭풍 치는 항해를 자세히 기록합니다.

point *3* 로마 백부장 고넬료는 베드로의 말을 들었고, 로마 백부장 율리오는 바울의 말을 들었습니다.

point *4* 바울의 〈로마서〉를 읽은 로마의 많은 그리스도인이 사도 바울의 로마 도착을 환영합니다.

point *5* '사도행전 30년'은 '복음 전도'와 '여러 재판'에 관한 기록입 니다.

교회 - 그리스도의 몸
Church - the body of Christ

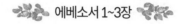 에베소서 1~3장

point *1* 성경 66권이 한 권이듯이, 바울의 옥중서신 4권도 한 권입니다.

point *2* 바울은 구원을 베푸신 성부, 성자, 성령 하나님께 찬양을 올립니다.

point *3* 바울은 '교회란 그리스도의 몸'이라고 정의합니다.

point *4* 바울은 예수 십자가 이후 우리 몸이 하나님의 성전이라고 가르칩니다.

point *5* 바울은 '모든 민족'을 위한 하나님의 구원 계획은 아브라함 훨씬 이전부터 예수 안에서 예정된 하나님의 뜻이라고 말합니다.

성령의 검 성경

Sword of the Holy Spirit

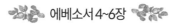 에베소서 4~6장

point *1* 바울은 에베소 교회가 아름다운 공동체가 되기 위해 네 가지 실천이 필요하다고 가르칩니다.

point *2* 바울은 그리스도인이 새사람이 될 수 있는 이유는 진리이신 예수님께 듣고 배웠기 때문이라고 말합니다.

point *3* 바울은 에베소 성도들에게 하나님을 본받는 자의 세 가지 삶에 대해 가르칩니다.

point *4* 바울은 에베소 성도들에게 그리스도인의 가정에 대해 가르칩니다.

point *5* 바울은 영적 싸움을 위하여 성령의 검인 하나님의 말씀을 가지라고 권면합니다.

예수로 충분하다

Jesus is enough

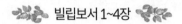
빌립보서 1~4장

point 1   로마 감옥에 갇혀 있는 바울이 빌립보 성도들에게 주 안에
         서 항상 기뻐하라고 편지를 보냅니다.

point 2   바울은 빌립보 성도들에게 예수님의 온유하고 겸손한 마
         음을 배워 자기를 낮추라고 권면합니다.

point 3   감옥에 갇혀 있는 바울은 자신에게 꼭 필요한 에바브로디
         도를 곁에 두고 싶으나 빌립보 교회로 다시 보내겠다고 말
         합니다.

point 4   바울은 빌립보 성도들에게 그리스도 예수를 아는 지식으
         로 충분하다는 것을 가르칩니다.

point 5   사도 바울의 기쁜 마음이 빌립보 교회에 더욱 큰 기쁨으로
         전달됩니다.

하나님의 비밀, 예수
God's secret, Jesus

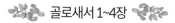 골로새서 1~4장

point 1   사도 바울의 〈골로새서〉와 〈빌레몬서〉는 마치 동전의 양
　　　　　면과 같습니다.

point 2   바울은 하나님의 비밀인 예수 그리스도 안에 모든 보화가
　　　　　감추어져 있다고 증언합니다.

point 3   바울은 골로새 성도들에게 예수 그리스도를 진심으로 알
　　　　　고 깨달아 어떤 것에도 흔들리지 말라고 권면합니다.

point 4   바울은 새사람을 입은 골로새 성도들을 향해 위의 것을 찾
　　　　　으라고 권면합니다.

point 5   바울은 골로새 교회에 두기고와 오네시모를 특별히 소개
　　　　　합니다.

347

제국을 넘어 하나님 나라로

Beyond empires and to the Kingdom of God

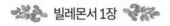 빌레몬서 1장

point *1* 〈빌레몬서〉는 바울, 두기고, 오네시모, 빌레몬이 만든 꿈 같은 하나님 나라 이야기입니다.

point *2* 〈빌레몬서〉는 예수를 믿는 바울이 예수를 믿는 빌레몬에게 예수를 믿는 오네시모를 하나님 나라의 형제로 받아들이라고 쓴 편지입니다.

point *3* 바울은 로마 제국에서 노예와 관련되었던 사건인 스파르타쿠스의 난과 세쿤두스의 난을 알고 있었을 것입니다.

point *4* 행동하는 지식인 바울은 빌레몬에게 제국의 본질(노예)을 뛰어넘어 하나님 나라의 본질(형제)로 행동할 것을 권합니다.

point *5* 바울은 빌레몬에게 〈골로새서〉와 〈빌레몬서〉, 두 개의 편지를 한번에 읽게 했습니다.

사역자의 자세
The attitude of God's workers

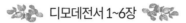 디모데전서 1~6장

point *1*   신약성경 전체의 숲에서 보면 '로마 대화재 사건'을 계기로 복음 1세대와 복음 2세대가 나뉩니다.

point *2*   바울은 디모데에게 목회자의 자세를 가르칩니다.

point *3*   바울은 디모데에게 중보기도에 대한 중요성을 강조합니다.

point *4*   바울은 교회에서 감독이나 집사라는 직분 그 자체보다 직분을 감당할 수 있는 자격이 중요하다고 가르칩니다.

point *5*   바울은 디모데에게 노인, 과부, 장로 등을 대하는 목회자의 태도에 대해 세밀하게 교육합니다.

지도자를 세우라

Set up a leader

디도서 1~3장

point 1 복음 2세대의 대표 주자는 디모데, 디도, 누가입니다.

point 2 바울은 디도에게 그레데섬 각 성에 합당한 장로들을 세우라고 권면합니다.

point 3 바울은 복음 2세대의 젊은 지도자 디도에게 하나님께 받은 권위로 당당하게 목회할 것을 조언하며 격려합니다.

point 4 바울은 디도에게 통치자와 믿지 않는 이웃과 이단에 대한 바른 태도를 가르칩니다.

point 5 바울은 디도에게 세심하고 치밀하게 동역자들과 전도 사역에 협력하라고 가르칩니다.

350

복음 2세대

The second generation Christians

디모데후서 1~4장

point *1* 바울은 A.D.64년 로마 대화재 사건을 기점으로 복음 2세대를 향한 신앙 계승을 위해 유언과도 같은 〈디모데후서〉를 씁니다.

point *2* 바울은 복음 2세대 대표 주자인 디모데에게 하나님 나라 복음과 함께 고난을 받으라고 말합니다.

point *3* 복음 1세대 사도 바울은 복음 2세대 디모데에게 복음 3세대를 키우라고 부탁합니다.

point *4* 바울은 디모데에게 모든 기준은 '모든 성경'이라고 말합니다.

point *5* 바울은 마지막으로 디모데, 마가와 만나기를 간절히 원합니다.

351

하나님의 아들 예수
Jesus the son of God

 히브리서 1~4장

point *1* 공동서신 9권인 〈히브리서〉, 〈야고보서〉, 〈베드로전・후서〉,
〈유다서〉, 〈요한일・이・삼서〉, 〈요한계시록〉은 로마 제국의
박해 속에서 하나님 나라를 실현해가는 분위기입니다.

point *2* 히브리서 기자는 선지자는 하나님의 말씀을 전하는 자들
이고, 예수님은 선지자들이 예언한 계시로 주신 말씀이라
고 증언합니다.

point *3* 히브리서 기자는 전능하신 예수님께서 이 땅에서 사망을
경험하신 것은 우리를 죄에서 속량하시기 위함이라고 말
합니다.

point *4* 히브리서 기자는 대제사장이신 예수를 깊이 생각하라고
가르칩니다.

point *5* 히브리서 기자는 하나님의 말씀에 순종하는 자들만이 하
나님의 안식을 누릴 수 있다고 선언합니다.

352

대제사장 예수, 새 언약의 보증
High Priest Jesus, the New Covenant

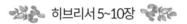
히브리서 5~10장

point *1* 히브리서 기자는 예수님께서 멜기세덱의 반차를 따르는 대제사장으로 이 땅에 오셨다고 증거합니다.

point *2* 히브리서 기자는 영원한 대제사장으로 오신 예수 그리스도를 새 언약의 보증이라고 증언합니다.

point *3* 히브리서 기자는 제사장 나라에서 대제사장은 희생제물을 바쳤으나 왕 같은 대제사장 예수 그리스도는 자신의 몸을 희생제물로 드렸다고 증언합니다.

point *4* 히브리서 기자는 예수님께서 '손으로 지은 성소'로 가지 않으시고 '십자가 하늘 성소'에 오르셨다고 증언합니다.

point *5* 히브리서 기자는 예수님께서 자신의 십자가 제사로 1,500년의 제사장 나라 제사를 종료하시고 하늘 성소로 올라가셔서 심판의 날을 기다리신다고 증거합니다.

예수를 바라보며 경주하라
Run towards Jesus, the finish line

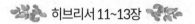 히브리서 11~13장

point *1*   히브리서 기자는 '믿음'이라는 주제로 이스라엘 역사를 정리합니다.

point *2*   히브리서 기자는 예수를 바라보며 경주하라고 격려합니다.

point *3*   히브리서 기자는 모세보다 더 큰 예수님의 복음을 거역하면 하나님의 진노를 받는다고 경고합니다.

point *4*   히브리서 기자는 하나님을 기쁘게 섬기는 그리스도인의 삶을 가르쳐줍니다.

point *5*   히브리서 기자는 환난의 시대를 살아가는 성도들에게 믿음의 선배들을 본받으라고 권면합니다.

믿음과 더불어 행함을

Actions of those with faith

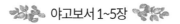 야고보서 1~5장

point *1* 〈야고보서〉는 마치 구약의 〈잠언〉과 같은 예수님의 형제 야고보 사도의 편지입니다.

point *2* 야고보는 예수님의 모습을 본받아 행위로써 우리의 믿음을 실천해야 한다고 권면합니다.

point *3* 야고보는 말에 조심할 것을 여러 예를 통해 권면합니다.

point *4* 야고보는 허탄한 자랑과 선을 행하지 않는 것이 죄라는 사실을 깨달으라고 가르칩니다.

point *5* 야고보는 믿음과 더불어 행함의 중요성을 계속 강조합니다.

하나님 나라의 성도

Saints of the kingdom of God

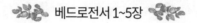 베드로전서 1~5장

point *1* 베드로는 선지자들의 계시는 성령에 힘입어 전한 것으로
예수 그리스도에 대한 증거라고 말합니다.

point *2* 베드로는 구약성경의 말씀을 인용해 하나님 나라의 백성
이 된 '성도'가 무엇인지 가르쳐줍니다.

point *3* 베드로는 성도는 하나님 나라의 시민이며 이 땅에서는 외
국인이며 나그네라고 가르쳐줍니다.

point *4* 베드로는 고난의 유익을 말하며 성도들이 행할 삶의 자세
를 가르쳐줍니다.

point *5* 베드로는 교회 지도자들에게 양 무리의 본이 되라고 권면
합니다.

356

재림에 대한 가르침
Teachings about Jesus' Second Coming

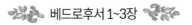
베드로후서 1~3장

point *1* 베드로는 자신이 죽고 난 후에도 계속해서 진리를 생각할 수 있도록 두 번째 편지인 〈베드로후서〉를 남깁니다.

point *2* 베드로는 자신이 직접 경험한 하나님의 아들 예수 그리스도를 증거함으로 예수님의 재림을 확증합니다.

point *3* 베드로는 하나님께 반드시 심판받을 거짓 선생들에 대해서 엄히 경고합니다.

point *4* 베드로는 주의 재림에 대해서 다시 한번 가르칩니다.

point *5* 베드로는 성경의 모든 말씀은 예수 그리스도께서 다시 오실 때에 온전히 깨닫게 될 것이라고 가르칩니다.

357

믿음의 도를 위하여
Battle for faith

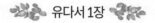 유다서 1장

point *1* 야고보의 동생인 유다는 자신을 예수 그리스도의 종이라
고 소개합니다.

point *2* 〈유다서〉는 베드로후서 2장과 내용이 매우 비슷합니다.

point *3* 유다는 거짓 선생들, 즉 이단들은 반드시 하나님의 심판을
받을 것이라고 말합니다.

point *4* 유다는 구약성경의 가인, 발람, 고라의 패역을 예로 들며 이
단들의 잘못을 지적합니다.

point *5* 유다는 이단에게 미혹된 자들을 긍휼히 여기며 바른길로
인도하라고 가르칩니다.

358

하나님은 사랑이시다

God is love

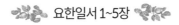
요한일서 1~5장

point 1   사도 요한은 A.D.64년 로마 대화재 사건으로 초기교회 지도자 200여 명이 순교할 때 살아남아 끝까지 '복음 2세대'를 돌보고 책임집니다.

point 2   사도 요한은 복음 2세대들에게 아버지의 심정으로 편지를 썼습니다.

point 3   요한은 주 안에서 형제를 사랑해야 하는 이유는 예수님의 사랑 때문이라고 가르칩니다.

point 4   사도 요한은 "하나님은 사랑이시라"고 선언합니다.

point 5   요한은 하나님의 아들 예수 그리스도는 물과 피와 성령으로 증거가 되신다고 말합니다.

가이오처럼
Like Gaius

point *1* 요한은 진리를 행하는 자들에게 기쁨의 편지를 써 보냅니다.

point *2* 요한은 성도들에게 적그리스도를 경계하라고 당부합니다.

point *3* 사도 요한은 복음 전도자들에게 집을 공개하고 새 힘을 얻게 한 가이오에게 감사의 편지를 보냅니다.

point *4* 사도 요한이 가이오에게 선행을 계속하라고 권면한 것은 예수님의 가르침이기 때문입니다.

point *5* 요한은 복음을 위하여 모두 함께 일하는 것이 마땅하다고 가르칩니다.

복음 2세대와 일곱 교회

Second Generation Christians and the seven churches

 요한계시록 1~3장

point *1* 요한은 갈릴리에서 만났던 예수님을 60여 년 후 밧모섬에
서 다시 만납니다.

point *2* 〈요한계시록〉은 예수 그리스도와 교회의 승리를 노래합
니다.

point *3* 요한은 예수님의 명령으로 로마 제국의 박해를 받고 있는
복음 2세대들에게 편지를 씁니다.

point *4* 요한은 자신이 본 내용을 위로의 목적으로 편지에 써서 고
난 중에 있는 교회들에게 보냅니다.

point *5* 요한은 일곱 교회에 칭찬과 책망 그리고 격려의 형식으로
메시지를 줍니다.

361

일곱 인 환상

Seven seals and visions

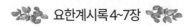

요한계시록 4~7장

point *1* 요한은 성령에 이끌려 환상 중에 하늘 보좌에 앉으신 하나
님을 보게 됩니다.

point *2* 요한은 십자가에서 하나님의 어린 양으로 보혈을 흘리셨
던 예수님을 60여 년 후 하나님 보좌 곁에서 다시 뵙게 됩
니다.

point *3* 〈요한계시록〉의 일곱 인 환상은 예수님께서 말씀하신 마
지막 때의 징조와 같습니다.

point *4* 하나님의 어린 양이 심판을 부르는 일곱 인을 떼기 시작합
니다.

point *5* 14만 4천 명은 상징적인 것이요, 하나님의 선택을 받은 사
람들은 능히 셀 수 없는 큰 무리가 될 것입니다.

362

일곱 천사의 일곱 나팔

Seven angels and seven trumpets

요한계시록 8~11장

point *1*　일곱 나팔을 불기 전에 성도들의 기도가 하나님께 올라갑니다.

point *2*　일곱 나팔은 마치 출애굽 때 애굽에 임한 열 가지 재앙을 생각나게 합니다.

point *3*　하나님께서는 여섯째 나팔과 일곱째 나팔 사이에 요한에게 작은 두루마리를 먹고 백성들에게 예언하라고 말씀하십니다.

point *4*　하나님께서는 여섯째 나팔과 일곱째 나팔 사이에 요한에게 몇 가지 일을 명하십니다.

point *5*　마지막 일곱째 나팔을 불자 요한은 하늘에서 하나님의 언약궤를 보게 됩니다.

14만 4천 명의 노래

144,000's song

요한계시록 12~15장

point *1* 〈요한계시록〉의 두 번째 삽경은 예수 그리스도와 사탄의
영적 싸움 이야기입니다.

point *2* 요한은 바다에서 올라오는 한 짐승을 보게 되는데 그 짐승
은 하나님께 속한 자들을 박해하며 세상으로부터는 경배
를 받습니다.

point *3* 요한은 14만 4천 명의 노래와 세 천사의 메시지 그리고 추
수 환상을 봅니다.

point *4* 요한은 일곱 대접 환상을 통해 하나님의 심판이 철저히 실
현되는 것을 보여줍니다.

point *5* 요한은 성전이 열리며 마지막 재앙을 실현할 일곱 천사를
봅니다.

364

큰 성 바벨론의 멸망과 준비된 미래

Fall of Babylon and prepared future

요한계시록 16~18장

point *1* 일곱 나팔 재앙 때에는 재앙으로 인해 삼 분의 일이 해를 입었지만 일곱 대접 재앙 때에는 그 범위가 전체로 확대됩니다.

point *2* 〈요한계시록〉의 세 번째 삽경은 바벨론의 멸망 이야기입니다.

point *3* 천사는 요한에게 놀라지 말고 짐승을 탄 여자가 멸망하는 모습을 지켜보라고 말합니다.

point *4* 하나님의 천사가 거대한 성 바벨론의 멸망을 선포합니다.

point *5* 천사는 하나님께 속한 자들은 바벨론의 멸망을 즐거워하라고 말합니다.

만물에 깃든 하나님의 기쁨

God's joy woven into all things

요한계시록 19~22장

point·1 〈요한계시록〉의 네 번째 삽경은 '최후의 승리' 이야기입니다.

point 2 요한은 천 년 동안 성도들이 그리스도와 더불어 왕 노릇할 것이라고 말합니다.

point 3 하나님께서는 만물을 새롭게 하시고 새 하늘과 새 땅을 만드십니다.

point 4 하나님께서 요한에게 보여주신 하나님 나라의 새 창조는 에덴 동산의 회복이었습니다.

point 5 〈요한계시록〉은 요한과 복음 2세대에게 보여주신 속히 오고 싶어 하시는 예수님의 마음입니다.

성경, 통通으로 숲이야기

통숲
通

전 12권 / 조병호 지음

1권	1~42일	모세오경 1	창, 출, 레
2권	43~87일	모세오경 2	민, 신, 수, 삿, 룻, (시)
3권	88~125일	왕정 500년 1	삼상 • 하, 왕상, 잠, 아, (시)
4권	126~158일	왕정 500년 2	왕상, 전, 욥, 시
5권	159~196일	왕정 500년 3	왕상 • 하, 암, 호, 욘, 사, 미
6권	197~222일	왕정 500년 4	왕하, 습, 합, 나, 욜, 렘, 애, 옵
7권	223~242일	왕정 500년 5	대상 • 하
8권	243~264일	페르시아 7권 1	겔, 단
9권	265~280일	페르시아 7권 2	스, 학, 슥, 에, 느, 말
10권	281~315일	사복음서	마, 막, 눅, 요
11권	316~350일	사도행전 30년	행, 살전 • 후, 갈, 고전 • 후, 롬, 엡, 빌, 골, 몬, 딤전 • 후, 딛
12권	351~365일	공동서신 9권	히, 약, 벧전 • 후, 유, 요일 • 이 • 삼, 계